A METAFÍSICA dos COSTUMES

IMMANUEL KANT

A METAFÍSICA dos COSTUMES

Tradução: Paulo Quintela

Veríssimo

COPYRIGHT© FARO EDITORIAL, 2024
COPYRIGHT © IMMANUEL KANT (1724-1804) — DOMÍNIO PÚBLICO

Todos os direitos reservados.
Nenhuma parte deste livro pode ser reproduzida sob quaisquer
meios existentes sem autorização por escrito do editor.

Veríssimo é um selo da Faro Editorial.

Diretor editorial **PEDRO ALMEIDA**
Coordenação editorial **CARLA SACRATO**
Assistente editorial **LETÍCIA CANEVER**
Preparação **FABIANA OLIVEIRA | MARCIA GNANNI**
Revisão **MARINA MONTREZOL | CRIS NEGRÃO**
Diagramação **GISLAINE ALVES**
Capa **VANESSA MARINE**
Imagens de miolo **FREEPIK | Shutterstock**
Imagem de capa **DOMÍNIO PÚBLICO**

Dados Internacionais de Catalogação na Publicação (CIP)
Jéssica de Oliveira Molinari CRB-8/9852

Kant, Immanuel, 1724-1804
A metafísica dos costumes /Immanuel Kant, tradução de
Paulo Quintela. - - São Paulo: Faro Editorial, 2024.
96p.

ISBN 978-65-5957-514-5
Título original: Grundlegung zur Metaphysik der Sitten.

1. Ética 2. Moral I. Título II. Quintela, Paulo

24-0503   CDD 170

Índices para catálogo sistemático:
1. Ética

Veríssimo

1ª edição brasileira: 2024
Direitos de edição em língua portuguesa, para o Brasil,
adquiridos por FARO EDITORIAL.

Avenida Andrômeda, 885 — Sala 310
Alphaville — Barueri — SP — Brasil
CEP: 06473-000
www.faroeditorial.com.br

Sumário

Prefácio 7

Primeira Seção -Transição do conhecimento moral da razão comum para o conhecimento filosófico 14

Segunda seção -Transição da filosofia moral popular para a metafísica dos costumes 28

A autonomia da vontade como princípio supremo da moralidade 63

A heteronomia da vontade como fonte de todos os princípios ilegítimos da moralidade 63

Classificação de todos os princípios possíveis da moralidade segundo o conceito fundamental da heteronomia..64

Terceira Seção -Transição da metafísica dos costumes para a crítica da razão prática pura 69

A liberdade tem de pressupor-se como propriedade da vontade de todos os seres racionais 71

Do interesse que anda ligado às ideias da moralidade....................................72

Como é possível um imperativo categórico?..77

Do limite extremo de toda a filosofia prática..79

Nota final 88

Notas de fim 90

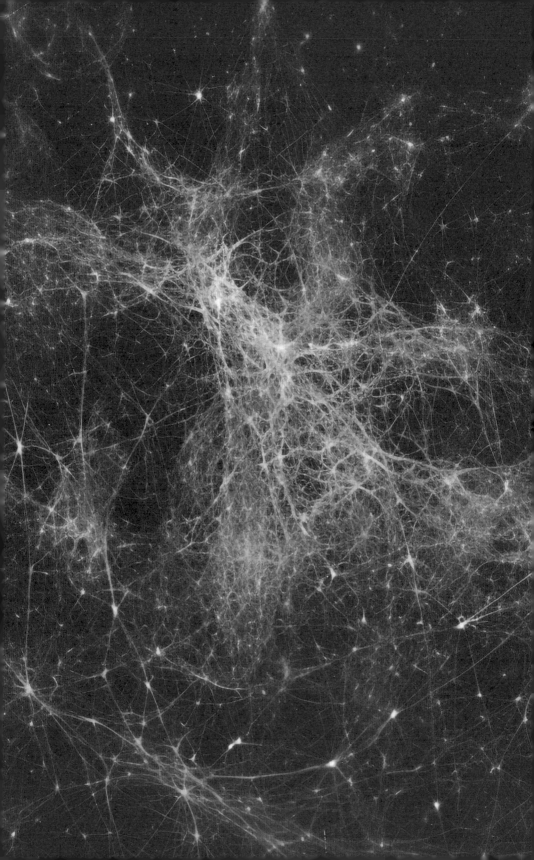

PREFÁCIO

A velha Filosofia grega dividia-se em três ciências: a Física, a Ética e a Lógica. Essa divisão está conforme a natureza das coisas e nada há para corrigir, basta acrescentar o princípio em que se baseia para, por um lado, nos assegurarmos da sua perfeição e, por outro, podermos determinar exatamente as necessárias subdivisões.

Todo conhecimento racional é: ou material e considera qualquer objeto, ou formal e ocupa-se apenas da forma do entendimento, da razão em si mesma e das regras universais do pensar, sem distinção dos objetos. A filosofia formal chama-se Lógica. Já a material ocupa-se de determinados objetos e das leis a que eles estão submetidos, sendo, por sua vez, dupla, pois ou são leis da natureza – chamadas também de Física ou Teoria da Natureza –, ou leis da liberdade – também denominadas Ética ou Teoria dos Costumes.

A Lógica não pode ter parte empírica, isto é, parte em que as leis universais e necessárias do pensar são baseadas em princípios da experiência; do contrário, não seria Lógica. Isso é um princípio para o entendimento ou para a razão que é válido para todo o pensar e tem de ser demonstrado.

Em contraposição, tanto a filosofia natural quanto a filosofia moral podem, cada uma, ter a sua parte empírica porque enquanto a primeira tem a função de determinar as leis da natureza como objeto da experiência, a segunda tem o intuito de designar a vontade do homem quando ela é afetada pela natureza. Ou seja, a filosofia natural trata das leis sob as quais tudo acontece; e a filosofia moral, de como tudo deve acontecer, mas considerando também que muitas vezes não acontece o que deveria.

Pode-se chamar empírica toda filosofia que se baseia em princípios da experiência, e de filosofia pura aquela cujas doutrinas se apoiam em princípios. Essa filosofia também é denominada Lógica, quando é simplesmente formal, e Metafísica, quando se limita a determinados objetos do entendimento.

Dessa maneira, surge a ideia de uma Metafísica dupla: a Metafísica da Natureza e a Metafísica dos Costumes. Portanto, a Física terá a sua parte empírica, mas também a parte racional; assim como a Ética, se bem que nessa a parte empírica, poderia se chamar especialmente Antropologia prática, enquanto a racional seria a Moral propriamente dita.

Todas as indústrias, ofícios e artes ganharam com a divisão do trabalho, com o fato de que não é um só homem que faz tudo. A partir dessa mudança, cada um dedica-se a certo trabalho e, assim, pode realizá-lo com mais técnica, perfeição e facilidade, distinguindo-se dos outros. No entanto, ainda há indústrias que não adotaram esse modelo e seguem com apenas um homem de mil ofícios.

Contudo, em face desse objeto em si não parece indigno de ponderação perguntar se a Filosofia pura, em todas as suas partes, não exige um homem especial e se não seria mais satisfatório o estado total da indústria da ciência. Porque, enquanto há aqueles que estão habituados a vender o empírico misturado com o racional, conforme o gosto do público e em proporções desconhecidas, há os que se chamam de pensadores independentes e sonhadores, e outros que apenas preparam a parte racional e poderiam ser advertidos por não exercer ao mesmo tempo dois ofícios tão diferentes nas suas técnicas, dos quais se exige talvez um talento especial cuja reunião numa só pessoa produz apenas remendões.

Porém, aqui, limito-me a perguntar se a natureza da ciência não exige que se diferencie sempre cuidadosamente a parte empírica da racional e que se anteponha à Física propriamente dita (empírica) uma Metafísica da Natureza e, à Antropologia prática, uma Metafísica dos Costumes, que deveria ser cuidadosamente depurada de todos os elementos empíricos, para se chegar a saber de quanto é capaz, em ambos os casos, a razão pura, e de que fontes ela própria tira o seu ensino a priori. Essa última tarefa poderia, aliás, ser realizada por todos os moralistas (cujo nome é legião) ou só por alguns que sentissem vocação para isso.

Considerando apenas a Filosofia moral, restrinjo a questão posta ao ponto seguinte: não é verdade que é da mais extrema necessidade elaborar, um dia, uma pura Filosofia moral, que seja completamente depurada de tudo o que possa ser somente empírico e pertença à Antropologia?

Essa necessidade de uma nova Filosofia evidencia a ideia comum do dever e das leis morais. Toda a gente tem de confessar que para uma lei valer moralmente, isto é, como fundamento de uma obrigação, tem de ter em si uma necessidade absoluta. Por exemplo, o mandamento "Não deves mentir" é válido somente para os homens, os únicos seres racionais, e assim acontece com todas as leis restantes propriamente morais. O princípio da obrigação não há de buscar aqui na natureza do homem ou nas circunstâncias do mundo em que ele está posto, mas exclusivamente nos conceitos da razão pura. Qualquer outro preceito baseado em princípios da simples experiência, e mesmo que em certa medida universal, caso se apoie em princípios empíricos, em um mínimo que seja, poderá chamar-se uma regra prática, mas nunca uma lei moral.

As leis morais, com seus princípios fundamentados em todo conhecimento prático, distinguem-se de tudo o que seja empírico, e não só se diferenciam essencialmente como toda a Filosofia moral assenta-se inteiramente na sua parte pura e aplicada ao homem, não recebe nenhum conhecimento do homem (Antropologia), mas fornece-lhe como ser racional leis a priori. É verdade que essas exigem ainda uma faculdade de julgamento apurada pela experiência para, por um lado, distinguir em que caso elas têm aplicação e, por outro, assegurar-lhes entrada na vontade do homem e eficácia na sua prática. O homem, com efeito, afetado por tantas inclinações, é capaz de conceber a ideia de uma razão pura prática, mas não é tão facilmente dotado da força necessária para a tornar eficaz no seu comportamento.

Uma Metafísica dos Costumes é indispensável, não só por motivos de ordem especulativa, para investigar a fonte dos princípios práticos que residem na nossa razão, mas também porque os próprios costumes ficam sujeitos a toda sorte de perversão enquanto faltar aquele fio condutor de norma suprema de seu julgamento. Ou seja, algo que deve ser moralmente bom, além de estar de acordo com a lei moral, precisa cumprir-se por amor desta; do contrário, essa conformidade será apenas muito contingente e incerta, e o princípio imoral produzirá mais ações contrárias à lei moral.

Assim, a lei moral, na sua pureza e autenticidade, não se deve buscar em nenhuma outra parte senão numa Filosofia pura, e a Metafísica tem de vir em primeiro lugar, visto que sem ela não pode haver, em parte alguma, uma Filosofia moral. Aquela que mistura os princípios puros com os empíricos não merece o nome de Filosofia (pois essa distingue-se do conhecimento racional comum exatamente por expor em ciência à parte aquilo que tal conhecimento só concebe misturado). Merece muito menos o nome de Filosofia moral, porque essa junção de princípios vem prejudicar até a pureza dos costumes e age contra a sua própria finalidade.

Não vá pensar, porém, que o que foi pedido aqui já não exista na introdução que o célebre Wolff antepôs à sua Filosofia moral, a qual denominou Filosofia prática universal, e que não haja de entrar, portanto, em campo inteiramente novo. Precisamente porque ela devia ser uma filosofia prática universal, não se considerou nenhuma vontade de qualquer espécie particular – digamos uma vontade que fosse determinada completamente por princípios a priori e sem quaisquer estímulos empíricos, e a que se poderia chamar uma vontade pura –, mas considerou o querer em geral com todas as ações e condições que lhe cabem nessa acepção geral, e por aí ela se distingue de uma Metafísica dos Costumes exatamente como a Lógica geral se difere da Filosofia transcendental. Enquanto a primeira expõe as operações e regras do pensar em geral, a segunda expõe somente as operações e regras especiais do pensar puro, isto é, daquele pensar pelo qual os objetos são conhecidos totalmente a priori.

A Metafísica dos Costumes deve investigar a ideia e os princípios de uma possível vontade pura, e não as ações e as condições do querer humano em geral, as quais são tiradas na maior parte da Psicologia.

O fato de a Filosofia prática universal (sem ter o direito de o fazer) abordar também as leis morais e de dever não constitui objeção alguma ao que eu afirmo. Porque os autores daquela ciência também continuam fiéis à ideia que dela fazem; não distinguem os motivos de determinação que se apresentam totalmente a priori, só pela razão e são propriamente morais, dos motivos empíricos que o entendimento eleva a conceitos universais só por confronto das experiências.

Consideram, pelo contrário, sem atender à diferença das suas fontes, só pela sua maior ou menor soma (tomando-os a todos como de igual espécie) e formam, assim, o seu conceito de obrigação. Na verdade, esse conceito não é nada menos do que moral, mas é o único que se pode exigir de uma filosofia que não atende à origem de todos os conceitos práticos possíveis, sejam eles a priori ou simplesmente a posteriori.

No propósito de um dia publicar uma Metafísica dos Costumes, faço-a preceder desta Fundamentação. Não há propriamente nada que lhe possa servir de base além da crítica de uma razão pura prática, assim como para a Metafísica é a crítica da razão pura especulativa já publicada. Porém, por um lado, aquela não é como esta de extrema necessidade, porque a razão humana no campo moral – mesmo no caso do mais comum entendimento – pode ser facilmente levada a um alto grau de exatidão e desenvolvimento, enquanto que, no uso teórico e puro, ela é exclusivamente dialética. Por outro lado, eu exijo, para que a crítica de uma razão pura prática possa ser acabada, que seja possível demonstrar simultaneamente a sua unidade com a razão especulativa em um princípio comum; afinal, trata-se sempre de uma só e mesma razão, que só na aplicação se deve diferençar.

À tal perfeição, eu ainda não podia chegar agora, sem recorrer a considerações de natureza totalmente diversa que provocariam confusão no espírito do leitor. Por isso, em vez de chamar Crítica da razão pura prática, utilizarei a Metafísica dos Costumes.

Como uma Metafísica dos Costumes, em razão de seu título, é suscetível a um alto grau de popularidade e acomodamento ao entendimento comum, acho útil separar este trabalho preparatório de fundamentação para, no futuro, não ter de juntar as teorias mais fáceis às sutilezas inevitáveis em tal matéria.

A presente Metafísica nada mais é do que a busca e a fixação do princípio supremo da moralidade, o que constitui por si só, no seu propósito, uma tarefa completa e bem distinta de qualquer outra investigação moral. E é verdade que as minhas afirmações sobre essa questão capital – tão importante e que até agora não foi, nem de longe, suficientemente discutida – receberiam muita clareza pela aplicação do mesmo princípio a todo o sistema e grande confirmação pela suficiência que ele mostraria por toda parte. Porém, tive de renunciar a essa vantagem que, no fundo, seria também mais de amor-próprio do que de utilidade geral, pois a facilidade de aplicação e a aparente suficiência de um princípio não dão nenhuma prova segura da sua exatidão; pelo contrário, despertam em nós certa parcialidade para não examinarmos e ponderarmos em toda a severidade em si mesmo, sem qualquer consideração pelas consequências.

Por fim, o método que adotei neste trabalho é o que creio ser mais conveniente, uma vez que se queira percorrer analiticamente o caminho do conhecimento comum para a determinação do princípio supremo desse conhecimento e, em seguida, no sentido inverso, sinteticamente, do exame desse princípio e das suas fontes para o conhecimento comum, em que se encontra a sua aplicação. A seguir, a divisão do escrito:

1. Primeira Seção: Transição do conhecimento moral da razão comum para o conhecimento filosófico.

2. Segunda Seção: Transição da Filosofia moral popular para a Metafísica dos Costumes.

3. Terceira Seção: Transição da Metafísica dos Costumes para a crítica da razão pura prática.

Primeira Seção

Transição do conhecimento moral da razão comum para o conhecimento filosófico

PRIMEIRA SEÇÃO

Neste mundo, e fora dele, nada é possível pensar que possa ser considerado bom e sem limitação a não ser uma só coisa: boa vontade. Discernimento, argúcia de espírito, capacidade de julgar e como quer que possam se chamar os demais talentos do espírito ou, ainda, coragem, decisão, constância de propósito, como qualidades do temperamento, são, sem dúvida, coisas boas e desejáveis. Todavia, podem tornar-se extremamente más e prejudiciais se a vontade – de fazer uso desses dons naturais e cuja constituição se chama caráter – não for boa. O mesmo acontece com os dons da fortuna. Poder, riqueza, honra, inclusive a saúde e todo bem-estar e contentamento com a sua sorte, sob o nome de felicidade, dão ânimo, mas, muitas vezes, podem partir para a soberba se não existir também a boa vontade que corrija a sua influência sobre a alma e todo o princípio de agir e que lhe dê a utilidade geral. Isso sem mencionar o fato de que um espectador racional e imparcial, em face da prosperidade ininterrupta de uma pessoa a quem não adorna nenhum traço de pura e boa vontade, nunca poderá sentir satisfação. Desse modo, a boa vontade parece constituir a condição indispensável do próprio fato de sermos dignos da felicidade.

Algumas qualidades são favoráveis à boa vontade e podem facilitar muito a sua concretização, mas não têm nenhum valor íntimo absoluto. Pelo contrário, pressupõem sempre uma boa vontade, a qual restringe a alta estima que, aliás com razão, por elas se nutre e não permite que as consideremos absolutamente boas. Moderação nas emoções e paixões, autodomínio, calma e reflexão são não somente boas a muitos respeitos, mas parecem constituir até parte do valor íntimo da pessoa. Porém, falta ainda muito para as podermos declarar boas sem reserva (ainda que os antigos as louvassem incondicionalmente). Com efeito, sem os princípios da boa vontade, podem elas tornarem-se muitíssimo más, e o sangue-frio de um indivíduo mau não só o torna muito mais perigoso como o faz também imediatamente mais abominável a nós.

A boa vontade não é boa por aquilo que promove ou realiza, pela aptidão para alcançar qualquer finalidade proposta, tão somente pelo querer, isto é, em si mesma e considerada em si mesma. Ela deve ser avaliada em grau muito mais alto do que tudo o que por seu intermédio possa ser alcançado em proveito de qualquer inclinação, ou mesmo, se se quiser, da soma de todas as inclinações – ainda que por um desfavor especial do destino ou por munir-se de maneira mínima de uma natureza madrasta, faltasse totalmente a essa boa vontade o poder de vencer as suas intenções, mesmo que nada pudesse alcançar a despeito dos seus maiores esforços. Se, ainda assim, no fim restasse a boa vontade (é claro que não se trata aqui de um simples desejo, mas sim do emprego de todos os meios de que as nossas forças disponham), ela ficaria brilhando por si mesma como uma joia, como alguma coisa que em si mesma tem o seu pleno valor.

A utilidade ou a inutilidade nada pode acrescentar ou tirar desse valor. A utilidade seria apenas como o engaste na joia (fixação de pedra), para que seja manuseada mais facilmente na circulação corrente ou para atrair sobre ela a atenção daqueles que não são ainda bastante conhecedores, mas não para a recomendar aos conhecedores e determinar o seu valor.

Contudo, há nessa ideia do valor absoluto da simples vontade, sem considerar a utilidade, algo de tão estranho que, a despeito de toda a concordância da razão comum com ela, pode surgir a suspeita de que, no fundo, haja talvez oculta apenas uma aparência aérea, e a natureza tenha sido mal compreendida na sua intenção ao dar-nos a razão por governante da nossa vontade. Vamos, por isso, sob esse ponto de vista, pôr à prova esta ideia.

Quando consideramos as disposições naturais de um ser organizado, isto é, um indivíduo constituído a um objetivo que é a vida, aceitamos como princípio que não há nenhum órgão que seja o mais conveniente e adequado à finalidade destinada. Ora, se um ser dotado de razão e vontade tivesse por verdadeira finalidade da natureza sua conservação, seu bem-estar, em uma palavra a sua felicidade, muito mal teria ela tomado as suas disposições ao escolher a razão da criatura como executora dessas suas intenções, pois todas as ações que esse ser tem de realizar nesse propósito, bem como toda a regra do seu comportamen-

PRIMEIRA SEÇÃO

to, seriam indicadas a ele com muito mais exatidão pelo instinto, e aquela finalidade obteria muito mais pela segurança do que pela razão. E se, ainda, essa razão tivesse sido atribuída à criatura como um favor, ela só lhe poderia ter servido para se entregar às considerações sobre a feliz disposição da sua natureza, para a admirar, alegrar-se com ela e mostrar-se agradecida à causa favorável, mas não para submeter à sua direção fraca e enganadora a sua faculdade de desejar, alterando, assim, a intenção da natureza. Ou seja, a natureza teria evitado que a razão caísse no uso prático e se atrevesse a gerar com as suas fracas luzes o plano da felicidade e dos meios de a alcançar. A natureza teria chamado a si a escolha dos fins e também a dos meios, e teria, com sábia prudência, confiado ambas simplesmente ao instinto.

Observamos, de fato, que quanto mais uma razão cultivada se consagra ao gozo da vida e da felicidade, mais o homem se afasta do verdadeiro contentamento, e daí pode surgir certo grau de misologia –, ou seja, aversão à razão, em muitas pessoas, e notadamente nas que mais fazem o uso da razão –, se elas tiverem a sinceridade de confessar. E isso porque, uma vez feito o balanço de todas as vantagens que elas tiram, não digo da invenção de todas as artes do luxo comum, mas das ciências (que lhes parecem no fim ser também um luxo do entendimento), descobrem, contudo, que mais se sobrecarregaram de fadigas do que ganharam em felicidade, e por isso finalmente invejam mais do que desprezam os homens de condição inferior aos que estão mais próximos do puro instinto natural e não permitem à razão grande influência sobre o que fazem ou deixam de fazer. E até aqui temos de confessar que o juízo daqueles que diminuem e mesmo reduzem a menos de zero os louvores pomposos das vantagens que a razão nos teria trazido em relação à felicidade e ao contentamento da vida, não é de forma alguma mal-humorado ou ingrato para com a vontade do governo do mundo, mas que na base de juízos dessa ordem está oculta a ideia de outra e mais digna intenção da existência, à qual, e não à felicidade, a razão muito especialmente se destina, e à qual, por isso, como condição suprema, deve se subordinar em grandíssima parte a intenção privada do homem.

Portanto se a razão não é apta o bastante para guiar com segurança a vontade no que diz respeito aos seus objetos e à satisfação de todas as nossas necessidades (que ela mesma – a razão – em parte multiplica), visto que um instinto natural inato levaria com mais certeza a esse fim, e se, no entanto, a razão nos foi dada como faculdade prática, isto é, como faculdade que deve exercer influência sobre a vontade; então o seu verdadeiro destino deverá ser produzir uma vontade não só boa na condição de meio para outra intenção, mas uma vontade boa em si mesma, para o que a razão era absolutamente necessária, uma vez que a natureza de resto agiu em tudo com acerto na repartição das suas faculdades e talentos.

Essa vontade não será, na verdade, o único bem nem o bem total, mas terá de ser, contudo, o bem supremo e a condição de tudo o mais, mesmo de toda a aspiração de felicidade. E, nesse caso, é fácil conciliar com a sabedoria da natureza o fato de observarmos que a cultura da razão, necessária para a primeira e incondicional intenção, de muitas maneiras, restringe, pelo menos nesta vida, a consecução da segunda, que é sempre condicionada à felicidade, e pode mesmo reduzi-la a menos de nada, sem que com isso a natureza falte à sua finalidade, visto que a razão, que reconhece o seu supremo destino prático na fundação de uma boa vontade, ao alcançar essa intenção é capaz de uma só satisfação, conforme a sua própria índole. Assim é a satisfação que se pode achar ao atingir um fim que só ela (a razão) determina, ainda que isso possa estar ligado a muito dano causado aos fins da inclinação.

Para desenvolver, porém, o conceito de uma boa vontade altamente estimável em si mesma e sem qualquer intenção posterior, conceito que reside já no bom senso natural – que mais precisa ser esclarecido do que ensinado, que está sempre no cume da apreciação de todo o valor das nossas ações e que constitui a condição de todo o resto –, vamos encarar o conceito do dever que contém em si o de boa vontade, posto que sob certas limitações e obstáculos subjetivos, limitações e obstáculos esses que, muito longe de ocultar e tornar irreconhecível a boa vontade, a fazem antes ressaltar por contraste e brilhar com luz mais clara.

PRIMEIRA SEÇÃO

Deixo aqui de lado todas as ações que são logo reconhecidas como contrárias ao dever para que possam ser úteis sob este ou aquele aspecto, pois nelas sequer se põe a questão de saber se foram praticadas por dever, visto estarem até em contradição com ele. Ponho de lado também as ações que são verdadeiramente conformes ao dever, mas para as quais os homens não sentem imediatamente nenhuma inclinação, embora as pratiquem, porque a isso são levados por outra tendência. Pois é fácil, então, distinguir se a ação conforme ao dever foi praticada por ele ou com intenção egoísta. Muito mais difícil é essa distinção quando a ação é conforme ao dever e o sujeito é também levado a ela por inclinação imediata. Por exemplo: é conforme o dever que o merceeiro não suba os preços ao comprador inexperiente, e, quando o movimento do negócio é grande, o comerciante esperto também não faça algo semelhante, mas mantenha um preço fixo geral para toda a gente, de forma que uma criança possa comprar em sua casa tão bem como qualquer outra pessoa. É, pois, servido honradamente. Mas isso ainda não é bastante para acreditar que o comerciante tenha assim procedido por dever e princípios de honradez; o seu interesse assim o exigia; mas não é de aceitar que ele, além disso, tenha tido uma inclinação imediata para os seus fregueses, de maneira a não fazer, por amor deles, preço mais vantajoso a um do que a outro. A ação não foi, portanto, praticada nem por dever, nem por inclinação imediata, mas somente com intenção egoísta.

Conservar cada qual a sua vida é um dever e é além disso uma coisa para que toda a gente tem inclinação imediata. Por isso mesmo é que o cuidado, por vezes ansioso, que a maioria dos homens lhe dedica não tem nenhum valor intrínseco; e a máxima que o exprime, nenhum conteúdo moral. Os homens conservam a sua vida conforme o dever, sem dúvida, mas não por dever. Em contrapartida, quando as contrariedades e o desgosto sem esperança roubaram totalmente o gosto de viver; quando o infeliz, com fortaleza de alma, mais entediado do que desanimado ou abatido, deseja a morte e conserva contudo a vida sem a amar, não por inclinação ou medo, mas por dever, então a sua máxima tem um conteúdo moral.

A primeira proposição é: ser caritativo quando se pode é um dever, e há, além disso, muitas almas de disposição tão compassiva que, mesmo sem nenhum outro motivo de vaidade ou interesse, acham íntimo prazer em espalhar alegria à sua volta e podem se alegrar com o contentamento dos outros, enquanto esse é obra sua. Eu afirmo, porém, que nesse caso tal ação, mesmo que em conformidade com o dever e por mais amável que seja, não tem nenhum verdadeiro valor moral, mas vai emparelhar com outras inclinações, por exemplo, o amor das honras que, quando por feliz acaso topa aquilo que efetivamente é de interesse geral e conforme ao dever, é consequentemente honroso e merece louvor e estímulo, mas não estima; pois à sua máxima falta o conteúdo moral que manda que tais ações se pratiquem, não por inclinação, mas por dever, admitindo que o ânimo desse filantropo estivesse velado pelo desgosto pessoal que apaga toda a compaixão pela sorte alheia, e que ele continuasse a ter a possibilidade de fazer bem aos desgraçados, mas que a desgraça alheia não o tocasse porque estava bastante ocupado com a sua própria. Se agora que nenhuma inclinação o estimula, ele se arrancasse a essa mortal sem sensibilidade e praticasse a ação sem qualquer inclinação, simplesmente por dever, só então é que ela teria o seu autêntico valor moral. Mas ainda: se a natureza tivesse posto no coração deste ou daquele homem pouca simpatia, se ele (homem honrado de resto) fosse por temperamento frio e indiferente às dores dos outros. Se a natureza não tivesse feito de um tal homem (que em boa verdade não seria o seu pior produto) propriamente um filantropo – não poderia ele encontrar ainda dentro de si um manancial que lhe pudesse dar um valor muito mais elevado do que o de um temperamento bondoso? Sem dúvida! – e exatamente aí é que começa o valor do caráter, que é moralmente, sem qualquer comparação, o mais alto, e que consiste em fazer o bem não por inclinação, mas por dever.

Assegurar cada qual a sua própria felicidade é um dever (pelo menos indiretamente), pois a ausência de contentamento com o seu próprio estado em um redemoinho de muitos cuidados e no meio de necessidades insatisfeitas poderia facilmente tornar-se uma grande ten-

PRIMEIRA SEÇÃO

tação para transgressão dos deveres. Mas também sem considerar aqui o dever, todos os homens têm já por si mesmos a mais forte e íntima inclinação para a felicidade, porque é exatamente nessa ideia que se reúnem, em uma soma, todas as inclinações. Porém o que prescreve a felicidade é geralmente constituído de tal maneira, que vai causar grande dano a algumas inclinações, de forma que o homem não pode fazer ideia precisa e segura da soma de satisfação de todas elas a que chama felicidade. Por isso, não é de admirar que uma única inclinação determinada, em vista daquilo que promete e do tempo em que se pode alcançar a sua satisfação, possa sobrepor-se a uma ideia tão vacilante. Assim, um homem com gota pode escolher o tratamento que lhe dá qualquer comida de que gosta e sofrer quanto pode, porque, pelo menos, segundo o seu cálculo, não quis renunciar ao prazer do momento presente em favor da esperança talvez infundada da felicidade que possa haver na saúde. Mas também nesse caso, mesmo que a inclinação universal para a felicidade não determinasse a sua vontade, mesmo que a saúde, pelo menos para ele, não entrasse tão necessariamente no cálculo, ainda aqui, como em todos os outros casos, continua a existir uma lei que lhe prescreve a promoção da sua felicidade não por inclinação, mas por dever, e é somente então que o seu comportamento tem propriamente valor moral.

É sem dúvida também assim que se devem entender os passos da Escritura em que se ordena que amemos o próximo, mesmo o nosso inimigo. Pois o amor enquanto inclinação não pode ser ordenado, mas o bem-fazer por dever, mesmo que a isso não sejamos levados por nenhuma inclinação e até se oponha a ele uma aversão natural e invencível, é amor prático, e não patológico; reside na vontade, e não na tendência da sensibilidade; em princípios de ação, e não em compaixão lânguida. E só esse amor é que pode ser ordenado.

A segunda proposição é: uma ação praticada por dever tem o seu valor moral não no propósito que com ela se quer atingir, mas na máxima que a determina. Não depende, portanto, da realidade do objeto da ação, mas do princípio do querer segundo o qual a ação, abstraindo de todos os objetos da faculdade do desejo, foi praticada. Que os propósitos que possamos ter ao praticar certas ações e os seus efeitos, como fins e elementos da vontade, não possam dar às ações nenhum valor incondicionado, nenhum valor moral, resulta claramente do que fica atrás. Em que é que reside esse valor, se ele se não encontra na vontade considerada em relação ao efeito esperado dessas ações? Não pode residir em mais parte alguma senão no princípio da vontade, abstraindo dos fins que possam ser realizados por determinada ação, pois a vontade está colocada entre o seu princípio a priori, que é formal, e o seu elemento a posteriori, que é material; por assim dizer, em uma encruzilhada. E, uma vez que ela tenha de ser determinada por qualquer coisa, terá de ser determinada pelo princípio formal do querer em geral quando a ação for praticada por dever, pois lhe foi tirado todo o princípio material.

A terceira proposição, consequência das duas anteriores, formularei assim: dever é a necessidade de uma ação por respeito à lei. Pelo objeto, como efeito da ação em vista, posso eu sentir em verdade inclinação, mas nunca respeito, exatamente porque é simplesmente um efeito, e não a atividade de uma vontade. De igual modo, não posso ter respeito por qualquer inclinação em geral, seja ela minha ou de um outro. Posso, quando muito, no primeiro caso, aprová-la, e, no segundo, por vezes amá-la, isto é, considerá-la como favorável ao meu próprio interesse. Só pode ser objeto de respeito e mandamento aquilo que está ligado à minha vontade, somente como princípio e nunca como efeito; não aquilo que serve à minha inclinação, mas o que a domina ou que, pelo menos, a exclui do cálculo na escolha, ou seja, a simples lei por si mesma. Ora, se uma ação realizada por dever elimina totalmente a influência da inclinação e com ela todo o objeto da vontade, nada mais resta à vontade que a possa determinar do que a lei objetivamente, e, subjetivamente, o puro respeito por essa lei prática e, por conseguinte, a máxima[1] que manda obedecer a essa lei, mesmo com prejuízo de todas as minhas inclinações.

O valor moral da ação não reside, portanto, no efeito que dela se espera; também não reside em qualquer princípio da ação que precise

PRIMEIRA SEÇÃO

pedir o seu motivo a esse efeito esperado. Pois todos estes (a amenidade da nossa situação e mesmo o fomento da felicidade alheia) podiam também ser alcançados por outras causas, e não eram necessários para a vontade de um ser racional, em cuja vontade – e só nela – se pode encontrar o bem supremo e incondicionado. Por conseguinte, nada senão a representação da lei em si mesma, que na verdade só no ser racional se realiza, enquanto é ela, e não o esperado efeito, que determina à vontade, pode constituir o bem excelente a que chamamos moral e se encontra já presente na própria pessoa que age segundo essa lei, mas não se deve esperar somente do efeito da ação[2].

Mas que lei pode ser essa, cuja representação, mesmo sem tomar em consideração o efeito que dela se espera, tem de determinar a vontade para que esta se possa chamar boa absolutamente e sem restrição? Uma vez que despojei a vontade de todos os estímulos que lhe poderiam advir da obediência a qualquer lei, nada mais resta do que a conformidade a uma lei universal das ações em geral que possa servir de único princípio à vontade, isto é, devo proceder sempre de maneira que eu possa querer também que a minha máxima se torne uma lei universal. Aqui é a simples conformidade à lei em geral (sem tomar como base qualquer lei destinada a certas ações) o que serve de princípio à vontade e também o que tem de lhe servir de princípio para que o dever não seja por toda parte uma vã ilusão e um conceito utópico. E com isso está perfeitamente de acordo a comum razão humana nos seus juízos práticos que tem sempre diante dos olhos esse princípio.

Usaremos como exemplo a questão seguinte: não posso eu, quando me encontro em apuros, fazer uma promessa com a intenção de não cumprir? Facilmente, distingo aqui os dois sentidos que a questão pode ter: se é prudente ou se é conforme ao dever fazer uma falsa promessa. O primeiro caso pode, sem dúvida, apresentar-se muitas vezes. É verdade que vejo bem que não basta me furtar ao constrangimento presente por meio dessa escapatória, mas tenho de ponderar se dessa mentira não poderão advir, posteriormente, incômodos maiores que aqueles de que agora me liberto. E como as consequências, a despeito da minha esperteza, não são assim tão fáceis de prever, devo pensar que a confiança, uma vez perdida, me pode vir a ser mais prejudicial do que todo o mal que agora quero evitar. Posso, enfim, perguntar se não seria mais prudente agir aqui em conformidade com uma máxima universal e adquirir o costume de não prometer nada senão com a intenção de cumprir a promessa. Mas breve me torna claro que uma tal máxima tem sempre na base o receio das consequências. Ora, ser verdadeiro por dever é uma coisa totalmente diferente de sê-lo por medo das consequências prejudiciais. Enquanto, no primeiro caso, o conceito da ação em si mesma contém já para mim uma lei; no segundo, tenho antes de olhar à minha volta para descobrir que efeitos poderão para mim estar ligados à ação. Porque se me afasto do princípio do dever, isso é de certeza ruim, mas se for infiel à minha máxima de esperteza, isso poderá me trazer, por vezes, grandes vantagens, embora seja, em verdade, mais seguro continuar-lhe fiel.

Entretanto, para resolver da maneira mais curta e mais segura o problema de saber se uma promessa mentirosa é conforme o dever, preciso só perguntar a mim mesmo: ficaria eu satisfeito de ver a minha máxima (de me tirar de apuros por meio de uma promessa não verdadeira) tomar o valor de lei universal (tanto para mim quanto para os outros)? E poderia eu dizer a mim mesmo: toda a gente pode fazer uma promessa mentirosa quando se acha em uma dificuldade de que não pode sair de outra maneira? Em breve, reconheço que posso querer a mentira, mas que não posso querer uma lei universal de mentir; pois, segundo tal lei, não poderia propriamente haver já promessa alguma, porque seria inútil afirmar a minha vontade relativamente às minhas futuras ações a pessoas que não acreditariam na minha afirmação ou, se precipitadamente o fizessem, me pagariam na mesma moeda. Por conseguinte, a minha máxima, uma vez amparada em lei universal, seria destruída necessariamente.

Não preciso de muita esperteza para saber se o que farei para o meu querer é moralmente bom. Mesmo que inexperiente a respeito do curso das coisas do mundo e incapaz de prevenção diante dos aconteci-

PRIMEIRA SEÇÃO

mentos, basta que eu me pergunte: podes tu querer também que a tua máxima se converta em lei universal? Se não podes, então deves rejeitá--la, e não por causa de qualquer prejuízo que dela pudesse resultar para ti ou para os outros, mas porque ela não pode caber como princípio em uma possível legislação universal.

Ora, a razão me exige respeito a uma tal legislação, da qual em verdade presentemente não vejo em que se funde (problema que o filósofo pode investigar), mas pelo menos compreendo nela uma apreciação do valor que de longe ultrapassa tudo aquilo que a inclinação louva. A necessidade das minhas ações por puro respeito à lei prática é o que constitui o dever e perante o qual tem de ceder qualquer outro motivo, porque ele é a condição de uma vontade boa em si cujo valor é superior a tudo.

Assim, no conhecimento moral da razão humana comum, chegamos a alcançar o seu princípio, esse que a razão comum em verdade não concebe abstratamente de forma geral, mas que mantém sempre realmente diante dos olhos e de que se serve como padrão dos seus juízos. Seria fácil mostrar aqui como ela, com essa bússola na mão, sabe perfeitamente distinguir, em todos os casos que se apresentem, o que é bom e o que é mau, o que é conforme ao dever ou o que é contrário a ele. Basta, sem que com isso lhe ensinemos nada de novo, que chamemos a sua atenção, como fez Sócrates, o seu próprio princípio, e que não é preciso nem ciência, nem filosofia para que ela saiba o que há a fazer para se ser honrado e bom, mais ainda, para ser sábio e virtuoso. Podia-se já presumir, antecipadamente, que o conhecimento daquilo que cada homem deve fazer, e por conseguinte saber, também pertença a cada homem, mesmo o mais comum. E aqui não podemos deixar de mencionar como a capacidade prática de julgar se avantaja tanto em relação à capacidade teórica no entendimento humano comum. Nesta última, quando a razão comum se atreve a afastar-se das leis da experiência e dos dados dos sentidos, vai cair em puras incompreensibilidades e contradições consigo mesma ou, pelo menos, em um caos de incerteza, escuridão e inconstância. No campo prático, porém, a capacidade de julgar só começa a mostrar todas as suas vantagens quando o entendimento comum exclui das leis práticas todos os elementos sensíveis. Faz-se, então, sutil, quer ele queira fazer trapaça com a sua consciência ou com outras pretensões em relação ao que deva chamar-se justo, quer queira sinceramente determinar o valor das suas ações para sua própria edificação. E o que é o principal nesse último caso pode até alimentar esperanças de êxito tão grandes como as de qualquer filósofo. É nisso até mais seguro, porque o filósofo não pode ter outro princípio que o homem comum, mas o seu juízo pode ser facilmente perturbado e desviado do direito caminho por uma multidão de considerações estranhas ao caso. Não seria, portanto, mais aconselhável, em matéria moral, optarmos pelo juízo da razão comum e só recorrer à filosofia para, quando muito, tornar o sistema dos costumes mais completo e compreensível, expor as regras de maneira mais cômoda com vista ao seu uso (e sobretudo à discussão), mas não para desviar o humano senso comum do original *"den gemeinen Menschenverstand"*, mesmo em matéria prática, da sua feliz simplicidade e pô-lo por meio da filosofia em um novo caminho da investigação e do ensino?

A inocência é uma coisa admirável, mas é, por outro lado, muito triste que ela se possa preservar tão mal e se deixe tão facilmente seduzir. E é por isso que a própria sabedoria – que de forma geral consiste mais em fazer ou não fazer do que em saber – precisa também da ciência, não para aprender dela, mas para assegurar suas prescrições e lhes dar estabilidade. O homem sente em si mesmo um forte contrapeso contra todos os mandamentos do dever que a razão lhe representa como tão dignos de respeito: são as suas necessidades e inclinações cuja total satisfação ele resume sob o nome de felicidade. Ora, a razão impõe as suas prescrições, sem nada aliás prometer às inclinações, nem diminuir, como que com desprezo daquelas pretensões tão tumultuosas e aparentemente tão justificadas (e que se não querem deixar eliminar por qualquer ordem). Assim, nasce uma dialética natural; quer dizer, uma tendência para opor quem está de acordo com a razão e as sutilezas às leis severas do dever, para pôr em dúvida a sua validade ou pelo menos a

PRIMEIRA SEÇÃO

sua pureza e o seu rigor, e para as fazer mais conformes, se possível, aos nossos desejos e inclinações, isto é, no fundo, para corrompê-las e despojá-las de toda a sua dignidade, o que a própria razão prática comum acabará por condenar.

É assim, pois, que a razão humana comum, impulsionada por motivos propriamente práticos, e não por qualquer necessidade de especulação (que nunca a tenta enquanto ela se satisfaz com ser simples sã razão), vê-se levada a sair do seu círculo e dar um passo para dentro do campo da filosofia prática. Aí encontra informações e instruções claras sobre a fonte do seu princípio, sobre a sua verdadeira determinação em oposição às máximas que se apoiam sobre a necessidade e a inclinação. Assim, espera ela sair das dificuldades que lhe causam pretensões opostas e fugir do perigo de perder todos os puros princípios morais em virtude dos equívocos em que facilmente cai.

Dessa forma, desenvolve-se insensivelmente na razão prática comum, quando se cultiva uma dialética que a obriga a buscar ajuda na filosofia, como lhe acontece no uso teórico. E tanto a primeira quanto a segunda não poderão achar repouso em parte alguma, a não ser em uma crítica completa da nossa razão.

Segunda Seção
*Transição da filosofia moral popular
para a metafísica dos costumes*

SEGUNDA SEÇÃO

Embora até agora tenhamos tirado o nosso conceito de dever do uso comum da nossa razão prática, não se deve de forma alguma concluir que o tenhamos tratado como um conceito empírico. Pelo contrário, quando atentamos na experiência humana de fazer ou deixar de fazer, encontramos queixas frequentes (e, como nós mesmos concedemos, justas) de que se não podem apresentar alguns exemplos seguros da intenção de agir por puro dever. Porque, embora muitas das coisas que o dever ordena possam acontecer em conformidade com ele, é ainda duvidoso que aconteçam verdadeiramente por dever e que tenham, portanto, valor moral. Por essa razão é que houve, em todos os tempos, filósofos que negaram pura e simplesmente a realidade dessa intenção nas ações humanas e tudo atribuíram ao egoísmo mais ou menos apurado, sem por isso colocar em dúvida a exatidão do conceito de moralidade; pelo contrário, manifestavam profundamente a fraqueza e a corrupção da natureza humana que, se por um lado era nobre o bastante para fazer de uma ideia tão respeitável a sua regra de conduta, por outro era fraca demais para lhe obedecer e só se servia da razão, que lhe devia fornecer as leis, para tratar do interesse das inclinações, de maneira a satisfazê-las quer isoladamente, quer, no melhor dos casos, buscando a maior conciliação entre elas.

Na realidade, é absolutamente impossível encontrar na experiência com perfeita certeza um único caso em que a máxima de uma ação, de resto conforme ao dever, se tenha baseado puramente em motivos morais e na representação do dever. Acontece, por vezes, que, apesar do mais agudo exame de consciência, não possamos encontrar nada, fora do motivo moral do dever, que pudesse ser suficientemente forte para nos impulsionar a tal boa ação ou o tal grande sacrifício. Mas daqui não se pode concluir, com segurança, que não tenha sido um impulso secreto do amor-próprio, oculto sob a simples capa daquela ideia, a verdadeira causa determinante da vontade. Gostamos de lisonjear-nos, então, com um elemento mais nobre que falsamente nos atribuímos. Mas, na realidade, mesmo pelo exame mais esforçado, nunca podemos penetrar completamente até os elementos secretos dos nossos atos, porque, quando se fala de valor moral, não é das ações visíveis que se trata, mas dos seus princípios íntimos que se não veem.

Não se pode prestar serviço mais precioso àqueles que se riem de toda a moralidade, como se fosse uma simples utopia da imaginação humana exaltada pela presunção, do que lhes conceder que os conceitos do dever (exatamente por preguiça nos convencemos de que acontece também com todos os outros conceitos) têm de ser tirados somente da experiência, pois assim lhes preparamos o triunfo certo. Quero, por amor humano, conceder que ainda a maior parte das nossas ações são conformes ao dever. Contudo, se examinarmos mais de perto as suas aspirações e os seus esforços, depararemos por toda a parte com o querido "Eu", que sempre se sobressai, e é por ele, e não pelo severo mandamento do dever, que, muitas vezes, seria exigida a autorrenúncia na qual sua intenção se apoia. Não é preciso ser um inimigo da virtude; basta ser apenas um observador sangue-frio que não tome imediatamente o mais ardente desejo do bem pela sua realidade para, em certos momentos (principalmente com o avançar dos anos e com um juízo apurado em parte pela experiência, em parte aguçado para a observação), nos surpreendermos a duvidar se poderá ser encontrada no mundo qualquer verdadeira virtude. E então nada nos pode salvar da completa queda das nossas ideias de dever para conservarmos na alma o respeito fundado pela lei, a não ser a clara convicção de que, mesmo que nunca tenha havido ações que tivessem jorrado de tais fontes puras, a questão não é agora saber se isso ou aquilo acontece, mas sim que a razão por si mesma e independentemente de todos os fenômenos ordena o que deve acontecer. Assim, ações, das quais o mundo até agora talvez não tenha dado nenhum exemplo, de cuja possibilidade poderá duvidar até aquele que tudo funda na experiência, podem ser gradativamente ordenadas pela razão, por exemplo; a pura lealdade na amizade não pode exigir menos do que todo o homem, pelo fato de até agora talvez não ter existido nenhum amigo leal, porque esse dever, como dever em geral, anterior a toda a experiência, reside na ideia de uma razão que determina a vontade por motivos a priori.

SEGUNDA SEÇÃO

Se acrescentar que, a menos que se queira recusar ao conceito de moralidade toda a verdade e toda a relação com qualquer objeto possível, não se pode contestar que a sua lei é de tão extensa significação que tem de valer não só para os homens, mas para todos os seres racionais em geral, não só sob condições contingentes e com exceções, mas sim absoluta e necessariamente; torna-se, então, evidente que nenhuma experiência pode dar motivo para concluir sequer a possibilidade de tais leis indiscutíveis. Porque com que direito podemos nós tributar respeito ilimitado, como prescrição universal para toda a natureza racional, àquilo que só é válido talvez nas condições contingentes da humanidade? E como é que as leis da determinação da nossa vontade serão consideradas como leis da determinação da vontade de um ser racional em geral, e só como tais consideradas também para a nossa vontade, se elas forem apenas empíricas e não tirarem a sua origem plenamente a priori da razão pura, mas ao mesmo tempo prática?

Não se poderia também prestar pior serviço à moralidade do que querer extraí-la de exemplos. Cada exemplo que me seja apresentado tem de ser primeiro julgado segundo os princípios da moralidade para se saber se é digno de servir de exemplo original, isto é, de modelo. Contudo, de modo nenhum pode ele dar o supremo conceito dela. Mesmo o Santo do Evangelho tem primeiro de ser comparado com o nosso ideal de perfeição moral antes de o reconhecermos por tal; e é ele que diz de si mesmo: "Por que é que vós me chamais bom (a mim que vós estais vendo)? Ninguém é bom (o protótipo do bem) senão o só Deus (que vós não vedes)". Mas de onde é que nós tiramos o conceito de Deus como bem supremo? Somente da ideia que a razão traça a priori da perfeição moral e que une indissoluvelmente ao conceito de vontade livre. A imitação não tem lugar algum em matéria moral, e os exemplos servem apenas para encorajar, isto é, põem fora de dúvida a possibilidade daquilo que a lei ordena, tornam intuitivo aquilo que a regra prática exprime de maneira mais geral, mas nunca podem justificar que se ponha de lado o seu verdadeiro original, que reside na razão, e que nos guiemos por exemplos.

Se não há nenhum autêntico princípio supremo da moralidade que, independente de toda a experiência, não tenha de fundar-se somente na razão pura, creio que não é preciso sequer perguntar se é bom expor esses conceitos de maneira geral, sem fundamento, tais como eles existem a priori com os princípios que lhes pertencem, se o conhecimento se quiser distinguir do comum e chamar-se filosófico. Mas, nos nossos tempos, talvez isso seja necessário, pois se quisesse reunir votos sobre a preferência a dar ao puro conhecimento racional separado de todo o empírico uma metafísica dos costumes, portanto, ou à filosofia prática popular, depressa se adivinharia para que lado penderia a balança.

Esse fato de descer aos conceitos populares é sem dúvida muito louvável, contanto que se tenha começado por subir aos princípios da razão pura e se tenha alcançado plena satisfação nesse ponto. Isso significaria, primeiro, o fundamento da doutrina, dos costumes na metafísica, para depois, uma vez ela firmada solidamente, torná-la acessível pela popularidade. Porém seria extremamente absurdo querer condescender com esta logo no começo da investigação de que depende toda a exatidão dos princípios. E não é só que esse método não pode pretender jamais alcançar o mérito raríssimo de uma verdadeira popularidade filosófica, pois não é habilidade nenhuma ser compreensível a todos quando se desistiu de todo o exame em profundidade. Assim, esse método traz à luz uma série de observações confusas e de princípios racionais meio desconexos com que se deliciam as mentes vazias, pois há nisso qualquer coisa de utilizável para as conversas de todos os dias, enquanto os prudentes só sentem confusão e desviam descontentes os olhos sem, aliás, saber o que irão fazer. Ao passo que os filósofos, que podem facilmente descobrir a trapaça, não são ouvidos, quando querem desviar-nos por algum tempo da pretensa popularidade, para, só depois de terem alcançado uma ideia precisa dos princípios, poderem ser, com direito, populares.

Basta que lancemos os olhos aos ensaios sobre a moralidade feitos conforme o gosto preferido, para breve encontrarmos ora a ideia do des-

SEGUNDA SEÇÃO

tino particular da natureza humana (mas, por vezes, também a de uma natureza racional em geral), ora a perfeição, ora a felicidade.

Aqui o sentimento moral; acolá, o temor a Deus, um pouco disto, mais um pouco daquilo, em uma mistura espantosa, e nunca ocorre perguntar por toda parte se devem buscar no conhecimento da natureza humana (que não pode provir senão da experiência) os princípios da moralidade e, não sendo esse o caso, sendo os últimos totalmente a priori, livres de todo o empírico, irão se encontrar simplesmente em puros conceitos racionais, e não em qualquer outra parte, nem mesmo em ínfima medida; e ninguém tomará a resolução de antes separar totalmente essa investigação como pura filosofia prática ou (para empregar nome tão desacreditado) como Metafísica dos Costumes[3], levá-la por si mesma à sua plena perfeição e ir consolando o público, que exige popularidade, até o termo desse empreendimento.

Ora uma tal Metafísica dos Costumes, completamente isolada, que não anda misturada nem com a Antropologia, nem com a Teologia, nem com a Física ou a Hiperfísica, e ainda menos com as qualidades ocultas (que se poderiam chamar hipofísicas), não é somente um substrato indispensável de todo o conhecimento teórico dos deveres seguramente determinados, mas também um desejo da mais alta importância para a verdadeira prática das suas prescrições, pois a pura representação do dever e em geral da lei moral, que não anda misturada com nenhum acréscimo de estímulos empíricos, tem sobre o coração humano, por intermédio exclusivo da razão (que só então se dá conta de que por si mesma também pode ser prática), uma influência muito mais poderosa do que todos os outros elementos que se possam ir buscar no campo empírico[4], em tal grau que, na consciência da sua dignidade, pode desprezar esses últimos e dominá-los pouco a pouco. Em vez disso, uma doutrina dos costumes mesclada, composta de elementos de sentimentos e inclinações ao mesmo tempo que de conceitos racionais, tem de fazer vacilar o ânimo diante de motivos impossíveis de reportar a princípio algum, que só muito casualmente levam ao bem, mas muitas vezes podem levar também ao mal.

Immanuel Kant

Do apresentado, resulta claramente que todos os conceitos morais têm a sua sede e origem completamente a priori na razão, e isso tanto na razão humana mais comum quanto na especulativa em mais alta medida; que não podem ser abstraídos de nenhum conhecimento empírico e, por conseguinte, puramente contingente; que exatamente nessa pureza da sua origem reside a sua dignidade para nos servirem de princípios práticos supremos; que cada vez que lhes acrescentemos qualquer coisa de empírico diminuímos em igual medida a sua pura influência e o valor ilimitado das ações; que não só o exige a maior necessidade sob o ponto de vista teórico quando se trata apenas de especulação, mas que é também da maior importância prática tirar da razão pura os seus conceitos e as suas leis, expô-los com pureza e sem mistura, e mesmo determinar o âmbito de todo esse conhecimento racional prático, mas puro, isto é, toda a capacidade da razão pura prática. Mas aqui não se deve, como a Filosofia especulativa o permite e por vezes mesmo o acha necessário, tornar os princípios dependentes da natureza particular da razão humana; mas, porque as leis morais devem valer para todo ser racional em geral, é do conceito universal de um ser racional em geral que se devem deduzir. Dessa maneira, toda a moral, que para a sua aplicação aos homens precisa da Antropologia, será primeiro exposta independentemente dessa ciência como pura Filosofia, quer dizer, como Metafísica, e de maneira completa (o que decerto se pode fazer nesse gênero de conhecimentos totalmente abstratos). E é preciso ver bem que, se não estivermos de posse da Metafísica, não digo só que será em vão querer determinar exatamente para o juízo especulativo o caráter moral do dever em tudo o que é conforme ao dever, mas até que será impossível no uso simplesmente comum e prático, especialmente na instrução moral, fundar os costumes sobre os seus autênticos princípios e criar, por meio disso, puras disposições morais, e bem como implantá-las nos ânimos para o bem supremo do mundo.

Para avançarmos neste trabalho por uma gradação natural, não somente do juízo moral comum (que aqui é muito digno de respeito) para o juízo filosófico, como de resto já se fez, mas de uma Filosofia

SEGUNDA SEÇÃO

popular, que não passa além do ponto onde pode chegar às pesquisas por meio de exemplos, até a Metafísica (que não se deixa deter por nada de empírico e que, devendo medir todo o conteúdo do conhecimento racional desse gênero, eleva-se em todo o caso até as ideias, onde os exemplos também nos abandonam), temos nós de seguir e descrever claramente a faculdade prática da razão, partindo das suas regras universais de determinação até o ponto em que dela brota o conceito de dever.

Tudo na natureza age segundo as leis. Só um ser racional tem a capacidade de agir conforme a representação das leis, isto é, de acordo com princípios; do contrário, ele só tem uma vontade. Como para derivar as ações das leis é necessária a razão, a vontade não é outra coisa senão a razão prática.

Se a razão determina infalivelmente a vontade, as ações de um tal ser, que são conhecidas como objetivamente necessárias, são também subjetivamente necessárias, ou seja, a vontade é a faculdade de escolher só aquilo que a razão, independente da inclinação, reconhece como praticamente necessário, isto é, bom. Mas se a razão por si só não determina suficientemente a vontade, se ela ainda está sujeita a condições subjetivas (a certos elementos) que não coincidem sempre com as objetivas; então as ações, que objetivamente são reconhecidas como necessárias, são subjetivamente contingentes, e a determinação de uma tal vontade, conforme as leis objetivas, é obrigação. Ou seja, a relação das leis objetivas para uma vontade não absolutamente boa representa-se como a determinação da vontade de um ser racional por princípios da razão, a que, pela sua natureza, não obedece necessariamente.

A representação de um princípio objetivo, enquanto obrigante para uma vontade, chama-se mandamento (da razão), e a fórmula do mandamento denomina-se imperativo.

Todos os imperativos se exprimem pelo verbo dever (sollen) e mostram a relação de uma lei objetiva da razão para uma vontade que, segundo a sua constituição subjetiva, não é uma obrigação. Eles dizem que seria bom praticar ou deixar de praticar qualquer coisa, mas também dizem que nem sempre se faz qualquer coisa só porque seria

Immanuel Kant

bom fazê-la. Praticamente, bom é aquilo que determina a vontade por meio de representações da razão não por causas subjetivas, mas objetivas, isto é, por princípios que são válidos para todo ser racional como tal. Distingue-se do agradável, posto que este só influi na vontade por meio da sensação em virtude de causas puramente subjetivas que valem apenas para a sensibilidade deste ou daquele, e não como princípio da razão que é válido para todos[5].

Uma vontade perfeitamente boa estaria igualmente submetida a leis objetivas (do bem), mas não se poderia representar como obrigada a ações conformes à lei, pois pela sua constituição subjetiva ela só pode ser determinada pela representação do bem. Por isso, os imperativos não valem para a vontade divina nem para uma vontade santa. O dever (sollen) não está aqui no seu lugar, porque o querer coincide já por si com a lei. Por isso, os imperativos são apenas fórmulas para exprimir a relação entre leis objetivas do querer em geral e a imperfeição subjetiva deste ou daquele ser racional, da vontade humana, por exemplo.

Todos os imperativos ordenam ou hipotética ou categoricamente. Os hipotéticos representam a necessidade prática de uma ação possível como meio de alcançar qualquer outra coisa que se quer (ou que é possível que se queira). Já o imperativo categórico seria aquele que nos representasse uma ação como objetivamente necessária por si mesma, sem relação com qualquer outra finalidade.

Como toda a lei prática representa uma ação possível como boa e por isso como necessária para um sujeito praticamente determinável pela razão, todos os imperativos são fórmulas da determinação da ação, que é necessária segundo o princípio de uma vontade boa de qualquer maneira. No caso de a ação ser apenas boa como meio para qualquer outra coisa, o imperativo é hipotético; se a ação é representada como boa em si, e necessária em uma vontade em si, tendo a razão como princípio dessa vontade; então, o imperativo é categórico.

O imperativo diz quais ações possíveis seriam boas e representa a regra prática em relação a uma vontade. O sujeito não pratica imediatamente uma ação só porque ela é boa; em parte, porque nem sempre

SEGUNDA SEÇÃO

sabe; em parte, pois, mesmo que o soubesse, as suas máximas poderiam, contudo, ser contrárias aos princípios objetivos de uma razão prática.

O imperativo hipotético diz que a ação é boa diante de qualquer intenção possível ou real. No primeiro caso, é um princípio problemático; no segundo, um princípio assertórico-prático. O imperativo categórico, que declara a ação como objetivamente necessária por si, independente de qualquer intenção, quer dizer, sem qualquer outra finalidade, vale como princípio apodíctico (prático).

Pode-se conceber que aquilo que só é possível pelas forças de um ser racional é também intenção possível para qualquer vontade e, por isso, os princípios da ação são, de fato, infinitamente numerosos, enquanto a ação é representada como necessária para alcançar qualquer intenção possível de atingir por meio dos princípios. Todas as ciências têm uma parte prática, que se compõe de problemas que estabelecem que uma determinada finalidade é possível para nós, e de imperativos que indicam como ela pode ser atingida. Esses imperativos podem chamar-se imperativos de destreza. Se a finalidade é razoável e boa não importa, mas somente o que se tem de fazer para alcançá-la. As regras que o médico segue para curar radicalmente o seu doente, e as que segue o envenenador para o matar, são de igual valor nesse sentido, uma vez que ambas servem para atingir perfeitamente a intenção proposta.

Como na primeira juventude não sabemos o que enfrentaremos na vida, os pais procuram ensinar aos filhos muitas coisas e tratam de lhes transmitir a destreza no uso dos meios. Dado que nenhum pode saber se no futuro se transformará realmente em uma intenção do seu educando, o cuidado é tão grande que por isso descuidam com frequência da tarefa de formar e corrigir o juízo dos filhos sobre o valor das coisas que poderão vir a eleger como fins.

Há, no entanto, uma finalidade que, pode-se dizer, que todos os seres racionais perseguem realmente (enquanto lhes convêm imperativos, isto é, como seres dependentes) e, portanto, uma intenção que não só eles podem ter, mas dos quais se deve admitir que a generalidade tem uma necessidade natural. Essa finalidade é a felicidade. O imperativo hipotético que nos representa a necessidade prática da ação como meio para fomentar a felicidade é assertivo.

Não se deve fazer proposições somente como necessário para uma intenção incerta, simplesmente possível, mas para uma intenção que se pode admitir como certa e a priori para toda a gente, pois pertence à sua essência. A destreza na escolha dos meios para atingir o maior bem-estar próprio pode-se chamar prudência (Klugheit)[6] no sentido mais restrito da palavra. Portanto, o imperativo que se relaciona com a escolha dos meios para alcançar a própria felicidade, ou seja, o preceito de prudência continua a ser hipotético; a ação não é ordenada de maneira absoluta, mas como meio para outra intenção.

Há também um imperativo que, sem se basear como condição em qualquer outra intenção a atingir certo comportamento, ordena-o imediatamente; é o chamado imperativo categórico. E há, por fim, o imperativo que não se relaciona com a matéria da ação e com o que dela deve resultar, mas com a forma e o princípio de que ela mesma deriva, e o essencialmente bom na ação reside na disposição (Gesinnung), seja qual for o resultado; é o chamado imperativo da moralidade.

O querer segundo esses três princípios diferentes distingue-se também claramente pela diferença da obrigação imposta à vontade. Para tornar bem marcada essa diferença, creio que o mais conveniente seria denominar esses princípios por sua ordem, dizendo: ou são regras da destreza, ou conselhos da prudência, ou mandamentos (leis) da moralidade, pois só a lei traz consigo o conceito de uma necessidade incondicionada, objetiva e consequentemente de validade geral, e mandamentos são leis a que tem de se obedecer, quer dizer, que têm de ser seguidos mesmo contra a inclinação. O conselho contém, na verdade, uma necessidade, mas que só pode valer sob a condição subjetiva e contingente deste ou daquele homem considerar isso ou aquilo para a sua felicidade, enquanto o imperativo categórico, pelo contrário, não é limitado por nenhuma condição e pode se chamar de certa forma um mandamento absolutamente necessário.

SEGUNDA SEÇÃO

Os primeiros imperativos poderiam ainda chamar-se técnicos (pertencentes à arte), os segundos, pragmáticos[7] (pertencentes ao bem-estar), os terceiros, morais (pertencentes à livre conduta em geral, isto é, aos costumes).

Surge, agora, a questão: como são possíveis todos esses imperativos? Essa pergunta não exige que se saiba como é que pode ser pensada a execução da ação ordenada pelo imperativo, mas como pode ser pensada a obrigação da vontade que o imperativo exprime na tarefa a cumprir. Não precisa de discussão especial para um imperativo de destreza. Quem quer o fim, quer também (se a razão tem influência decisiva sobre as suas ações) que o meio indispensavelmente necessário para o alcançar esteja no seu poder. Essa proposição é, pelo que respeita ao querer, analítica, pois no querer de um objeto como atividade já está pensada a minha causalidade como causalidade de uma força atuante, isto é, o uso dos meios; e o imperativo extrai o conceito das ações necessárias para este fim do conceito. Para determinar os próprios meios para alcançar uma intenção proposta, são utilizadas proposições sintéticas, que não dizem respeito ao princípio, mas ao objeto a realizar. Por exemplo, para dividir uma linha em duas partes iguais, segundo certo princípio, tenho de tirar dois arcos de círculo que se cruzem partindo das extremidades dessa linha, isso ensina a Matemática, na verdade, só por proposições sintéticas. Mas quando eu sei que para essa ação se realizar é preciso que o efeito seja pensado, e caso eu queira que este ocorra completamente tenho de querer também a ação; isso é uma proposição analítica, pois representar qualquer coisa como um efeito possível de obter de determinada maneira e representar-me agindo dessa forma em relação a esse efeito, é a mesma coisa.

Os imperativos da prudência coincidiriam totalmente com os da destreza e seriam igualmente analíticos se fosse igualmente fácil dar um conceito determinado de felicidade. Com efeito, pode-se dizer: quem quer o fim, quer também (necessariamente conforme a razão) os únicos meios que para isso estão no seu poder. Mas, infelizmente, o conceito de felicidade é tão indeterminado que, mesmo que todo homem a deseje alcançar, ele nunca pode dizer ao certo e de acordo consigo mesmo o que é que propriamente deseja e quer. A causa disso é que todos os elementos que pertencem ao conceito de felicidade são na sua totalidade empíricos, ou seja, são tirados da experiência e, portanto, para a ideia de felicidade é necessário um todo absoluto, um máximo de bem-estar, no estado presente e em todo o futuro.

É impossível que um ser, mesmo o mais perspicaz e simultaneamente o mais poderoso, porém finito, possa fazer a ideia exata daquilo que quer aqui propriamente. Se é a riqueza que ele quer, quantos cuidados, quanta inveja e quanta cilada não pode chamar para si. Se quer muito conhecimento e sagacidade, talvez isso lhe traga uma visão mais penetrante que lhe mostre os males, que ainda se conservam ocultos e não podem ser evitados, tanto mais terríveis, ou talvez venha a acrescentar novas necessidades aos desejos que agora lhe dão já bastante o que fazer! Se quer vida longa, quem é que lhe garante que ela não venha a ser uma longa miséria? Se quer pelo menos saúde, quantas vezes a fraqueza do corpo nos preserva de excessos em que uma saúde ilimitada nos teria feito cair etc. Em resumo, não é capaz de determinar, segundo qualquer princípio e com plena segurança, o que verdadeiramente o faria feliz; para isso, seriam necessários a onisciência, o saber absoluto. Não se pode, pois, agir segundo princípios determinados para ser feliz, mas apenas segundo conselhos empíricos, por exemplo: dieta, vida econômica, cortesia, moderação etc., cuja experiência ensina que são, em média, o que mais pode promover o bem-estar. Daqui, conclui-se que os imperativos da prudência, para falar com precisão, não podem ordenar, ou seja, representar as ações de maneira objetiva como praticamente necessárias; que eles se devem considerar mais como conselhos (consilia) do que como mandamentos (praecepta) da razão; que o problema de determinar certa e universalmente que ação poderá assegurar a felicidade de um ser racional é totalmente insolúvel e, portanto, em relação a ela, nenhum imperativo é possível para ordenar, no sentido rigoroso da palavra, aquilo que nos torna felizes, pois a felicidade não é um ideal da razão, mas da imaginação, que se assenta somente em princípios empí-

SEGUNDA SEÇÃO

ricos dos quais é inútil esperar que determinem uma conduta necessária para alcançar a totalidade de uma série de consequências de fato infinita. O imperativo da prudência estaria, entretanto, admitindo que é possível determinar exatamente os meios da felicidade, uma proposição prática analítica, pois ele distingue-se do imperativo da destreza, só que nesse o fim é simplesmente possível, enquanto naquele é dado. Mas como ambos apenas ordenam os meios para aquilo que se pressupõe ser querido como fim, o imperativo que manda querer os meios a quem deseja o fim é, em ambos os casos, analítico; todavia, não há dificuldade alguma a respeito da possibilidade de um tal imperativo.

Em contraposição, a possibilidade do imperativo da moralidade é, sem dúvida, a única questão que requer solução, pois esse imperativo não é nada hipotético e, portanto, a necessidade objetiva que nos apresenta não se pode apoiar em nenhum pressuposto, como nos imperativos hipotéticos.

Aqui, é preciso não perder de vista que não se pode demonstrar por nenhum exemplo, isto é, empiricamente, se há por toda a parte um tal imperativo; mas há o receio de que todos os que parecem categóricos possam, afinal, ser disfarçadamente hipotéticos. Por exemplo, quando dizemos: "Não deves fazer promessas enganadoras", admitimos que a necessidade dessa abstenção não é somente um conselho para evitar qualquer outro mal, é como se disséssemos: "Não deves fazer promessas mentirosas para não perderes o crédito, quando se descobrir o teu procedimento"; admitimos, pelo contrário, que uma ação desse gênero tem de ser considerada má por si mesma, que o imperativo da proibição é, portanto, categórico. Entretanto, não poderemos encontrar nenhum exemplo seguro em que a vontade seja determinada somente pela lei, sem qualquer outro elemento, embora assim pareça, pois é sempre possível que o receio da vergonha ou talvez também a surda apreensão de outros perigos tenham influído secretamente sobre a vontade. Quem é que pode provar, pela experiência, a não existência de uma causa, uma vez que a experiência nada mais nos ensina senão que a não descobrimos? Nesse caso, porém, o pretenso imperativo moral que como tal, parece categórico e incondicional, não passaria de uma prescrição pragmática, a qual chama a nossa atenção para as nossas vantagens e nos ensina a tomá-las em consideração.

Teremos de buscar totalmente a priori a possibilidade de um imperativo categórico. Uma vez que aqui não há a vantagem de a sua realidade nos ser dada na experiência, não seria necessária a possibilidade para o estabelecermos, mas para o explicarmos. Notemos, no entanto, provisoriamente, que só o imperativo categórico tem o caráter de uma lei prática, ao passo que todos os outros se podem chamar na verdade princípios da vontade, mas não leis; porque o que é somente necessário para alcançar qualquer fim pode ser considerado em si como contingente, e podemos a todo o tempo libertar-nos da prescrição renunciando à intenção, ao passo que o mandamento incondicional não deixa à vontade a liberdade de escolha relativamente ao contrário do que ordena, só ele tendo, portanto, em si aquela necessidade que exigimos na lei.

Em segundo lugar, o princípio da dificuldade que suscita esse imperativo categórico ou lei da moralidade (a dificuldade de reconhecer a sua possibilidade) é também muito grande. Ele é uma proposição sintética-prática[8] a priori, pois a explicação da possibilidade das proposições desse gênero levanta tão grande dificuldade no conhecimento teórico, que já se deixa ver que no campo prático essa dificuldade não será menor.

Nesse quesito, vamos primeiro verificar se acaso o simples conceito de imperativo categórico não fornece também a sua fórmula, que contenha a proposição que só por si possa ser um imperativo categórico; porque a questão de saber como é possível um mandamento absoluto, posto que já saibamos o seu teor, exigirá ainda um esforço particular e difícil que reservamos para a última seção desta obra.

Quando penso em um imperativo hipotético em geral, não sei de antemão o que ele poderá conter, pois só saberei quando a condição for dada. Mas se se tratar de um imperativo categórico, então sei imediatamente o ele contém. Porque, não havendo o imperativo, além da lei, senão a necessidade da máxima[9] que manda conformar-se com

SEGUNDA SEÇÃO

essa lei, e não contendo a lei nenhuma condição que a limite, nada mais resta senão a universalidade de uma lei em geral à qual a máxima da ação deve ser conforme; esta que só o imperativo nos representa propriamente como necessária. Portanto, o imperativo categórico é um único: age apenas segundo uma máxima tal que possa ao mesmo tempo querer que ela se torne lei universal. Ora, se desse único imperativo se podem derivar, como do seu princípio, todos os imperativos do dever, embora deixemos por decidir se aquilo a que se chama dever não será em geral um conceito vazio, podemos, pelo menos, indicar o que pensamos por isso e o que esse conceito quer dizer.

Uma vez que a universalidade da lei, segundo a qual certos efeitos se produzem, constitui aquilo a que se chama propriamente natureza no sentido mais lato da palavra (quanto à forma), ou seja, a realidade das coisas, enquanto é determinada por leis universais, o imperativo universal do dever poderia também exprimir-se assim: age como se a máxima da tua ação se devesse tornar, pela tua vontade, lei universal da natureza.

Vamos, agora, enumerar alguns deveres, segundo a divisão habitual em deveres para conosco e deveres para com os outros, em deveres perfeitos e imperfeitos[10].

1) Uma pessoa, por uma série de desgraças, chegou ao desespero e sente tédio da vida, mas ainda está em posse da razão para poder perguntar a si mesma se não será talvez contrário ao dever para consigo atentar contra a própria vida. E procura, agora, saber se a máxima da sua ação poderia se tornar lei universal da natureza. A sua máxima, porém, é a seguinte: por amor de mim mesmo, admito como princípio que, se a vida prolongando-se me ameaça mais com desgraças do que com alegrias, devo encurtá-la. Mas pergunta-se agora se esse princípio do amor de si mesmo pode tornar-se lei universal da natureza. Vê-se, então, que uma natureza cuja lei fosse destruir a vida em virtude do mesmo sentimento cujo objetivo é suscitar a sua conservação seria contraditória a si mesma e, por essa razão, não existiria como natureza.

Por conseguinte, aquela máxima não poderia, de forma alguma, dar-se como lei universal da natureza, por ser absolutamente contrária ao princípio supremo de todo o dever.

2) Uma outra pessoa vê-se forçada, pela necessidade, a pedir dinheiro emprestado. Ela sabe muito bem que não poderá pagar, mas vê também que não lhe emprestarão nada se não prometer firmemente pagar em prazo determinado. Sente a tentação de fazer a promessa, mas tem ainda consciência o suficiente para perguntar a si mesma: não é proibido e contrário ao dever livrar-se de apuros dessa maneira? Admitindo que se decidisse a fazê-lo, a sua máxima de ação seria: quando julgo estar em apuros de dinheiro, vou pedi-lo emprestado e prometo pagá-lo, embora saiba que nunca o farei. Esse princípio do amor de si mesmo ou da própria conveniência pode talvez estar de acordo com todo o meu bem-estar futuro, mas agora a questão é saber se é justo. Converto, assim, essa exigência do amor de si mesmo em lei universal e proponho a questão: que aconteceria se a minha máxima se transformasse em lei universal? Vejo imediatamente que ela nunca poderia valer como lei universal da natureza e concordar consigo mesma, pois a universalidade de uma lei que permitisse a cada homem que se julgasse em apuros prometer o que lhe viesse à mente com a intenção de o não cumprir tornaria impossível a própria promessa e a finalidade que com ela se pudesse ter em vista; ninguém acreditaria em qualquer coisa que lhe prometessem; além de piadas, tais declarações seriam como inúteis enganos.

3) Uma terceira pessoa encontra em si um talento natural que, se cultivado em certa medida, poderia fazer dele um homem útil sob vários aspectos, mas encontra-se em circunstâncias cômodas e prefere ceder ao prazer a esforçar-se para aumentar e melhorar as suas felizes disposições naturais. Contudo, está em condições de ainda poder perguntar-se se, além da concordância que a sua máxima do desleixo dos seus dons naturais tem com a sua tendência para o gozo, ela concorda

SEGUNDA SEÇÃO

também com aquilo que se chama dever. E então vê que uma natureza com uma tal lei universal poderia ainda subsistir, mesmo que o homem (como os habitantes dos mares do Sul) deixasse enferrujar o seu talento e cuidasse apenas de empregar a sua vida na ociosidade, no prazer, na propagação da espécie, no gozo; mas não pode querer que isso se transforme em lei universal da natureza ou que exista dentro de nós por instinto natural. O ser racional quer necessariamente que todas as suas faculdades se desenvolvam porque lhe foram dadas e lhe servem para toda a sorte de fins possíveis.

4) Uma quarta pessoa ainda, que vive na prosperidade, ao mesmo tempo que vê outros a lutar com grandes dificuldades (e aos quais ela poderia auxiliar), pensa: que isso me importa? Que cada qual goze da felicidade que o céu lhe concede ou que ele mesmo pode arranjar; eu nada lhe tirarei, nem sequer o invejarei, mas contribuir para o seu bem-estar ou para o seu socorro na desgraça não é minha função. Supondo que tal maneira de pensar se transformasse em lei universal da natureza, o gênero humano poderia subsistir, mas não há dúvida de que, se cada um manifestasse a compaixão e bem-querença e se esforçasse em praticar ocasionalmente essas virtudes, ao mesmo tempo que, sempre que pudesse, se desse ao engano, vendendo os direitos dos outros ou prejudicando-os de qualquer outro modo, não seria possível querer que um tal princípio valesse por toda a parte como lei natural, mesmo que uma lei universal da natureza possa subsistir segundo aquela máxima. Uma vontade que decidisse tal coisa seria colocada em contradição consigo mesma. Podemos, com efeito, descobrir muitos casos em que a pessoa em questão precise do amor e da compaixão dos outros e em que ela, graças à tal lei natural, nascida da sua própria vontade, roubaria para si toda a esperança de auxílio que deseja.

Esses são apenas alguns dos muitos deveres reais, ou que pelo menos nós consideramos como tais, cuja derivação do princípio único acima exposto ressalta bem claramente. Temos de poder querer que uma máxima da nossa ação se transforme em lei universal: é este o cânone pelo qual a julgamos moralmente em geral. Algumas ações são de tal ordem que a sua máxima sequer se pode pensar sem contradição como lei universal da natureza, muito menos se pode querer que devam ser tal. Em outras, não se encontra, na verdade, essa impossibilidade interna, mas é impossível querer que a sua máxima se erga à universalidade de uma lei da natureza, pois uma tal vontade seria contraditória a si mesma. Facilmente se vê que as do primeiro caso contrariam o dever estrito ou estreito (iniludível), e as do segundo, o dever mais largo (meritório). E assim todos os deveres, pelo que respeita à natureza da obrigação (não ao objeto da sua ação), pelos exemplos apontados, ficam postos completamente em dependência do mesmo princípio único.

Agora se prestarmos atenção ao que se passa em nós mesmos sempre que transgredimos qualquer dever, descobriremos que, na realidade, não queremos que a nossa máxima se torne lei universal. O contrário dela é que deve universalmente continuar a ser lei; nós tomamos apenas a liberdade de abrir uma exceção para nós ou (também só por esta vez) em favor da nossa inclinação. Por conseguinte, se considerássemos tudo partindo de um só ponto de vista, o da razão, encontraríamos uma contradição na nossa própria vontade, a saber: que certo princípio seja objetivamente necessário como lei universal e que subjetivamente não deva valer universalmente, mas permita exceções. Porém, como na realidade nós consideramos a nossa ação ora do ponto de vista de uma vontade totalmente conforme à razão, ora por outro, vemos a mesma ação do ponto de vista de uma vontade afetada pela inclinação. Não há aqui verdadeiramente nenhuma contradição, mas uma resistência da inclinação às prescrições da razão (antagonismo), pela qual a resistência à universalidade do princípio (universalistas) se transforma numa simples generalidade (generalistas), de tal modo que o princípio prático da razão se deve encontrar o meio caminho com a máxima. Ora, ainda que isso não se possa justificar no nosso próprio juízo imparcial, prova, contudo, que nós reconhecemos verdadeiramente a validade do imperativo categórico e nos permitimos apenas (com todo o respeito

SEGUNDA SEÇÃO

por ele) algumas exceções forçadas e, ao que nos parece, insignificantes.

Conseguimos mostrar, pelo menos, que, se o dever é um conceito que deve ter um significado e conter uma verdadeira legislação para as nossas ações, essa legislação só pode se exprimir em imperativos categóricos, mas de forma alguma em imperativos hipotéticos. Da mesma forma, determinamos claramente e para todas as aplicações, o que já é muito, o conteúdo do imperativo categórico que tem de encerrar o princípio de todo o dever (se é que, em verdade, há deveres). Mas ainda não chegamos a provar, a priori, que um tal imperativo existe realmente, que há uma lei prática que ordene absolutamente por si e independentemente de todo o elemento, e que a obediência a essa lei é o dever.

Se quisermos atingir esse fim, será da mais alta importância advertir que não nos deve sequer passar pela ideia querer derivar a realidade desse princípio da constituição particular da natureza humana. O dever precisa ser a necessidade prática e incondicionada da ação; portanto, tem de valer para todos os seres racionais (os únicos aos quais se pode aplicar sempre um imperativo) e só por isso pode ser lei também para toda a vontade humana. Tudo o que, pelo contrário, derive da disposição natural particular da humanidade, de certos sentimentos e tendências, até mesmo, se possível, de uma propensão especial que seja própria da razão humana e não tenha de valer necessariamente para a vontade de todo ser racional, pode dar lugar para nós a uma máxima, mas não a uma lei; pode nos dar um princípio subjetivo segundo o qual poderemos agir por queda ou tendência, mas não um princípio objetivo que nos mande agir a despeito de todas as nossas tendências, inclinações e disposições naturais. Assim, a excelência e íntima dignidade do mandamento expresso em um dever resplandecerão tanto mais quanto menor for o apoio e quanto maior for a resistência que ele encontre nas causas subjetivas, sem que, com isso, enfraqueça no mínimo que seja a obrigação que a lei impõe ou ela perca nada da sua validade.

Vemos que a Filosofia afirma que, em uma situação difícil, sem que possa encontrar nem no céu, nem na terra qualquer coisa a que se agarrar ou apoiar, ela deve provar a sua pureza como mantenedora das suas próprias leis, e não como proclamadora daquelas que um sentido inato ou não lhe segrede, as quais no seu conjunto, sendo melhores do que nada, nunca poderão fornecer princípios que a razão dite e que tenham de ter a sua origem totalmente a priori e com ela simultaneamente a sua autoridade imperativa: nada a esperar da inclinação dos homens, e tudo do poder supremo da lei e do respeito que lhe é devido; do contrário, seria condenar o homem ao desprezo de si mesmo e à abominação íntima.

Portanto tudo o que é empírico é, como acrescento ao princípio da moralidade, não só inútil, mas também altamente prejudicial à própria pureza dos costumes, pois o que constitui o valor particular de uma vontade absolutamente boa, valor superior a todo o preço, é que o princípio da ação seja livre de todas as influências de motivos contingentes que só a experiência pode fornecer. Todas as prevenções serão poucas contra esse desleixo ou essa maneira de pensar, que leva a buscar o princípio da conduta em motivos e leis empíricas; uma vez que a razão humana é propensa a descansar das suas fadigas nesse travesseiro e, no sonho de doces ilusões (que lhe fazem abraçar uma nuvem em vez de Juno), a pôr em lugar do filho legítimo da moralidade um bastardo composto de membros da mais variada proveniência que se parece com tudo o que nele se queira ver, menos com a virtude aos olhos de quem um dia a tenha visto na sua verdadeira figura[11].

A questão que se põe, portanto: é ou não é uma lei necessária para todos os seres racionais a de julgar sempre as suas ações por máximas que eles possam querer que devam servir de leis universais? Se essa lei existe, então tem ela de estar já ligada (totalmente a priori) ao conceito de vontade de um ser racional em geral. No entanto, para descobrir essa ligação, é preciso dar um passo mais além, para a Metafísica; em um campo da Metafísica que é distinto do da Filosofia especulativa, ou seja, a Metafísica dos Costumes. Trata-se de uma filosofia prática, em que não temos de determinar os princípios do que acontece, mas sim as leis do que deve acontecer, mesmo que nunca aconteça. Em uma tal filosofia, não temos a necessidade de iniciar investigações sobre as razões

SEGUNDA SEÇÃO

por que qualquer coisa agrada ou desagrada, por que, por exemplo, o prazer da simples sensação se distingue do gosto, e se este se distingue de um prazer universal da razão; não precisamos investigar sobre o que estabelece o sentimento do prazer e do desprazer, como é que daqui resultam desejos e tendências, e como destas, por sua vez, com o concurso da razão, resultam as máximas; porque tudo isso pertence a uma psicologia empírica que constituiria a segunda parte da ciência da natureza se a considerássemos como Filosofia da Natureza, enquanto ela se fundamenta em leis empíricas. Aqui trata-se, porém, da lei objetiva-prática, isto é, da relação de uma vontade consigo mesma enquanto esta se determina só pela razão, então tudo o que se relaciona com o empírico desaparece por si, porque, se a razão por si só determina o procedimento (e essa possibilidade é que nós vamos agora investigar), terá de fazê-lo necessariamente a priori.

A vontade é concebida como a faculdade de se determinar a agir em conformidade com a representação de certas leis. E essa faculdade só pode ser encontrada em seres racionais. Aquilo que serve à vontade de princípio objetivo da sua autodeterminação é o fim (Zweck), e este que é dado só pela razão tem de ser válido igualmente para todos os seres racionais. O que pelo contrário contém apenas o princípio da possibilidade da ação, cujo efeito é um fim, chama-se meio. O princípio subjetivo do desejar é o elemento (Triebfeder), o princípio objetivo do querer é o motivo (Bewegungsgrund); daqui a diferença entre fins subjetivos, que se fundamentam em elementos, e objetivos, que dependem de motivos, válidos para todo ser racional. Os princípios práticos são formais, quando fazem abstração de todos os fins subjetivos, mas são materiais quando se baseiam nesses fins subjetivos e em certos elementos. Os fins que um ser racional se propõe a seu desejo como efeitos da sua ação (fins materiais) são na totalidade apenas relativos, pois o que lhes dá o seu valor é somente a sua relação com uma faculdade de desejar do sujeito com características especiais, valor esse que não pode fornecer princípios universais para todos os seres racionais, pois é também necessário o querer, isto é, leis práticas. Todos esses fins relativos são, por conseguinte, apenas a base de imperativos hipotéticos. Admitindo, porém, que haja algo cuja existência em si mesma tenha um valor absoluto e que, como fim em si mesmo, possa ser a base de leis determinadas, nisso e só nele é que estará a base de um possível imperativo categórico, ou seja, de uma lei prática.

Ora, digo eu: o homem, e, de uma maneira geral, todo o ser racional, existe como fim em si mesmo, não só como meio para o uso arbitrário desta ou daquela vontade. Mas, pelo contrário, em todas as suas ações, tanto nas que se dirigem a ele mesmo como nas que se dirigem a outros seres racionais, ele tem sempre de ser considerado simultaneamente como fim. Todos os objetos das inclinações têm somente um valor condicional, pois, se não existissem as inclinações e as necessidades que nelas se baseiam, o seu objeto seria sem valor. As próprias inclinações, porém, como fontes das necessidades, estão tão longe de ter um valor absoluto que as torne desejáveis em si mesmas, que, muito pelo contrário, o desejo universal de todos os seres racionais deve ser o de se libertar totalmente delas. Portanto, o valor de todos os objetos que possamos adquirir pelas nossas ações é sempre condicional. Os seres cuja existência depende não da nossa vontade, mas da natureza, têm contudo, se são seres irracionais, apenas um valor relativo como meios e por isso se denominam coisas, enquanto os seres racionais se chamam pessoas, porque a sua natureza os distingue já como fins em si mesmos, isto é, como algo que não pode ser empregado como simples meio e que, por conseguinte, limita, nessa medida, todo o arbítrio (e é um objeto do respeito). Esses não são, portanto, meros fins subjetivos, cuja existência tenha para nós um valor como efeito da nossa ação, mas sim fins objetivos, ou seja, coisas cuja existência é em si mesma um fim, e um fim no lugar do qual não se pode pôr nenhum outro em relação ao qual essas coisas servissem apenas como meios. Porque, de outro modo, nada em parte alguma se encontraria com valor absoluto; mas se todo o valor fosse condicional e contingente, em parte alguma se poderia encontrar um princípio prático supremo para a razão.

SEGUNDA SEÇÃO

Pois, se deve haver um princípio prático supremo e um imperativo categórico no que diz respeito à vontade humana, então tem de ser a representação daquilo que é necessariamente um fim para toda a gente, porque é fim em si mesmo. Faça um princípio objetivo da vontade, que possa servir de lei prática universal. O fundamento desse princípio é: a natureza racional existe como fim em si. É assim que o homem representa necessariamente a sua própria existência; e, nesse sentido, esse princípio é subjetivo das ações humanas. Mas também é assim que qualquer outro ser racional representa a sua existência em virtude exatamente do mesmo princípio racional, que é válido também para mim[12]; portanto, é simultaneamente um princípio objetivo, do qual como princípio prático supremo se têm de poder derivar todas as leis da vontade. O imperativo prático será o seguinte: age de tal maneira que usa a humanidade, tanto na sua pessoa quanto na pessoa de qualquer outro, sempre e simultaneamente como fim, e nunca simplesmente como meio. Vamos ver se é possível cumprir isso.

Atendo-nos aos exemplos dados anteriormente, veremos:

Primeiro: conforme o conceito do dever necessário para consigo mesmo, o homem que anda pensando em suicídio perguntará a si mesmo se a sua ação pode estar de acordo com a ideia da humanidade como fim em si mesma. Se, para escapar de uma situação penosa, destrói a si mesmo, serve-se ele de uma pessoa como de um simples meio para conservar até o fim da vida uma situação suportável. Mas o homem não é uma coisa; portanto, não é um objeto que possa ser utilizado simplesmente como um meio. Pelo contrário, deve ser considerado sempre em todas as suas ações como fim em si mesmo. Logo, não posso dispor do homem na minha pessoa para o mutilar, degradá-lo ou matá-lo. (Tenho de deixar agora à parte a determinação mais exata deste princípio para evitar todo mal-entendido, por exemplo, no caso de amputação de membros para me salvar, ou no de pôr a vida em perigo para a conservar etc., essa determinação pertence à moral propriamente dita.)

Segundo: no que diz respeito ao dever necessário ou estrito para com os outros, aquele que tem a intenção de fazer a outrem uma promessa mentirosa reconhecerá, imediatamente, que quer servir-se de outro homem simplesmente como meio, sem que esse último contenha, ao mesmo tempo, o fim em si, pois aquele que eu quero utilizar para os meus intuitos por meio de uma tal promessa não pode concordar com a minha maneira de proceder a seu respeito e não pode, portanto, conter em si mesmo o fim dessa ação. Mais claramente, esta proposição colide com o princípio de humanidade em outros homens, quando tomamos para exemplos ataques à liberdade ou à propriedade alheias. Porque é evidente que o violador dos direitos dos homens tenciona servir-se das pessoas dos outros simplesmente como meios, sem considerar que eles, como seres racionais, devem ser sempre tratados ao mesmo tempo como fins, isto é, unicamente como seres que devem poder conter também em si o fim dessa mesma ação[13].

Terceiro: no que se refere ao dever contingente (meritório) para consigo mesmo, não basta que a ação não esteja em contradição com a humanidade na nossa pessoa como fim em si; é preciso que concorde com ela. Há na humanidade disposições para maior perfeição que pertencem ao fim da natureza a respeito da humanidade na nossa pessoa; negligenciar essas disposições poderia, em verdade, subsistir com a conservação da humanidade como fim em si, mas não com a promoção desse fim.

Quarto: no que concerne ao dever meritório para com outrem, o fim natural que todos os homens têm é a sua própria felicidade. Ora, é verdade que a humanidade poderia subsistir se ninguém contribuísse para a felicidade dos outros, contanto que também não lhes subtraísse nada intencionalmente; mas se cada um não se esforçasse por contribuir na medida das suas forças para os fins dos seus semelhantes, isso seria apenas uma concordância negativa, e não positiva para a humanidade como fim em si mesma, pois se um sujeito é um fim em si mesmo, os

SEGUNDA SEÇÃO

seus fins têm de ser quanto possível os meus, para aquela ideia poder exercer em mim toda a sua eficácia.

Esse princípio da humanidade e de toda a natureza racional em geral como fim em si mesma (que é a condição suprema que limita a liberdade das ações de cada homem) não é extraído da experiência; primeiro, por causa da sua universalidade, pois se aplica a todos os seres racionais em geral, sobre o que nenhuma experiência chega para determinar seja o que for; segundo, porque nele a humanidade se representa não como fim dos homens (subjetivo), isto é, como objeto de que fazemos por nós mesmos efetivamente um fim, mas como fim objetivo, o qual, sejam quais forem os fins que tenhamos em vista, deve constituir como lei a condição suprema que limita todos os fins subjetivos e que, por isso, só pode derivar da razão pura. É que o princípio de toda a legislação prática reside objetivamente na regra e na forma da universalidade que a torna capaz (segundo o primeiro princípio) de ser uma lei (sempre lei da natureza); subjetivamente, porém, reside no fim, mas o sujeito de todos os fins é (conforme o segundo princípio) todo o ser racional como fim em si mesmo: daqui, resulta o terceiro princípio prático da vontade como condição suprema da concordância dessa vontade com a razão prática universal, ou seja, a ideia da vontade de todo o ser racional concebida como vontade legisladora universal.

De acordo com esse princípio, são rejeitadas todas as máximas que não possam subsistir com a própria legislação universal da vontade. Essa, por sua vez, não está simplesmente submetida à lei, mas tem de ser considerada também como legisladora, e exatamente por isso é, então, submetida à lei (de que ela pode se considerar autora).

Os imperativos, como representados anteriormente, servem de base para a constituição de uma legislação das ações universalmente semelhantes a uma ordem natural ou como universal privilégio de finalidade dos seres racionais em si mesmos. Eles excluíam, sem dúvida, do seu princípio de autoridade toda mescla de qualquer interesse como elemento exatamente por serem concebidos como categóricos; mas eles só foram reconhecidos como tal porque tínhamos de admiti-los se quiséssemos explicar o conceito de dever, mas que houvesse proposições práticas que ordenassem categoricamente, o que por si não pôde ser provado e o que nesta seção não se pode provar ainda; mas podia ter acontecido algo, a saber: indicar no próprio imperativo, por qualquer determinação nele contida, a renúncia a todo o interesse no querer por dever como caráter específico de distinção do imperativo categórico diante do hipotético. E é precisamente o que acontece na presente terceira fórmula do princípio, isto é, na ideia da vontade de todo o ser racional como vontade legisladora universal, pois quando pensamos em uma tal vontade, mesmo que uma vontade subordinada a leis possa estar ainda ligada a essas leis por meio de um interesse, não é possível que a vontade, que é ela mesma legisladora suprema, dependa de um interesse qualquer; uma vez que uma tal vontade dependente precisaria, ainda, de outra lei que limitasse o interesse do seu amor-próprio à condição de uma validade como lei universal.

Assim, o princípio, segundo o qual toda a vontade humana seria uma vontade legisladora universal por meio de todas as suas máximas[14], se fosse seguramente estabelecido, admitiria perfeitamente o imperativo categórico, exatamente porque, em razão da ideia da legislação universal, ele se não funda em nenhum interesse e, portanto, entre todos os imperativos possíveis, é o único que pode ser incondicional; ou, melhor, invertendo a proposição: se há um imperativo categórico (isto é, uma lei para a vontade de todo ser racional), ele só pode ordenar que tudo se faça em obediência à máxima de uma vontade que simultaneamente se possa ter a si mesma por objeto como legisladora universal; pois só então é que o princípio prático e o imperativo a que obedece podem ser incondicionais, porque não têm interesse algum sobre o qual se fundem.

Se olharmos para todos os esforços até agora empreendidos, para descobrir o princípio da moralidade, não nos admiraremos ao ver que todos eles tinham necessariamente de falhar. Via-se o homem ligado a leis pelo seu dever, mas não ocorria a ninguém que ele estava sujeito

SEGUNDA SEÇÃO

apenas à sua própria legislação, embora essa seja universal, e que ele estava somente obrigado a agir conforme a sua própria vontade, mas que, segundo o fim natural, essa vontade era legisladora universal. Porque, se nos limitávamos a conceber o homem como submetido a uma lei (qualquer que fosse), essa devia ter em si qualquer interesse que o estimulasse ou o constrangesse, uma vez que, como lei, ela não originava da sua vontade, mas era legalmente obrigada por qualquer outra coisa a agir de certa maneira. Porém, em virtude dessa consequência inevitável, todo o trabalho para encontrar um princípio supremo do dever era irremediavelmente perdido, pois o que se obtinha não era nunca o dever, mas a necessidade da ação, partindo de um determinado interesse, que ora podia ser próprio, ora alheio. Então, o imperativo tinha de resultar sempre condicionado e não podia servir como mandamento moral. Chamarei esse princípio de Autonomia da vontade, por oposição a qualquer outro que por isso atribuo à Heteronomia.

O conceito segundo o qual todo o ser racional deve considerar-se legislador universal por todas as máximas da sua vontade, para julgar a si mesmo e às suas ações, leva a outro conceito muito abundante, que é o de um Reino dos Fins. Por reino, entendo a ligação sistemática de vários seres racionais por meio de leis comuns. Como as leis determinam os fins, segundo a sua validade universal, se fizer a abstração das diferenças pessoais entre os seres racionais e de todo o conteúdo dos seus fins particulares, pode-se conceber um todo do conjunto dos fins (tanto dos seres racionais como fins em si quanto também dos fins próprios que cada qual pode propor a si mesmo) em ligação sistemática, ou seja, um Reino dos Fins que seja possível segundo os princípios expostos.

Seres racionais estão todos submetidos a essa lei que ordena que cada um deles jamais trate a si mesmo ou aos outros simplesmente como meios, mas simultaneamente como fins em si. Daqui, resulta, porém, uma ligação sistemática de seres racionais por meio de leis objetivas comuns, ou seja, é um reino exatamente porque essas leis têm em vista a relação desses seres uns com os outros como fins e meios, e, por isso, chama-se reino dos fins (que, na verdade, é apenas um ideal).

Immanuel Kant

Um ser racional pertence ao reino dos fins, quando é, em verdade, legislador universal, além de também ser submetido a essas leis. E pertence como chefe, quando como legislador não está submetido à vontade de um outro. O ser racional tem de considerar-se sempre como legislador em um reino dos fins possível pela liberdade da vontade, quer seja como membro, quer seja como chefe. Mas o lugar desse último não pode assegurá-lo somente pela máxima da sua vontade, apenas quando é um ser totalmente independente, sem necessidade, nem limitação do seu poder adequado à vontade.

Entretanto, a moralidade consiste na relação de toda a ação com a legislação, uma vez que se torna possível apenas por meio do reino dos fins. Essa legislação precisa estar em cada ser racional e brotar da sua vontade, cujo princípio é: nunca praticar uma ação que não esteja de acordo com uma máxima a qual possivelmente possa ser uma lei universal, ou seja, a vontade pela sua máxima pode se considerar ao mesmo tempo como legisladora universal. Ora, se as máximas não são, pela sua natureza, necessariamente concordantes com esse princípio objetivo dos seres racionais como legisladores universais, a necessidade da ação segundo aquele princípio chama-se, então, obrigação prática, isto é, dever. E esse não pertence ao chefe no reino dos fins, mas sim a cada membro e a todos em igual medida.

A necessidade prática de agir segundo o dever não se baseia em sentimentos, impulsos e inclinações, mas somente na relação dos seres racionais entre si; relação essa cuja vontade de um ser racional tem de ser considerada sempre e simultaneamente como legisladora, porque de outra forma não seria fim em si mesma. A razão relaciona cada máxima da vontade concebida como legisladora universal a todas as outras vontades e a todas as ações para conosco, e isso não em virtude de qualquer outro elemento prático ou de qualquer vantagem futura, mas em razão da ideia da dignidade de um ser racional que não obedece a outra lei senão àquela que ele mesmo dá simultaneamente.

No reino dos fins, tudo tem ou um preço ou uma dignidade. Quando algo tem um preço, pode-se ter qualquer outro como equi-

SEGUNDA SEÇÃO

valente; mas quando algo está acima de todo o preço e, portanto, não permite equivalente, então tem-se dignidade.

O que se relaciona com as inclinações e necessidades gerais do homem tem um preço venal; aquilo que, mesmo sem pressupor uma necessidade, é conforme determinado gosto, isto é, há uma satisfação no jogo livre e sem finalidade das nossas faculdades advindas da alma, tem um preço de afeição ou de sentimento (Affektionspreis); aquilo, porém, que constitui a condição só graças à qual qualquer coisa pode ser um fim em si mesma não tem somente um valor relativo (um preço), mas um valor íntimo (dignidade).

A moralidade é a única condição que pode fazer de um ser racional um fim em si mesmo, pois só por ela é possível ser membro legislador no reino dos fins. Portanto a moralidade e a humanidade, enquanto capazes de moralidade, são as únicas coisas que têm dignidade. A destreza e a diligência no trabalho têm um preço venal; a argúcia de espírito, a imaginação viva e as fantasias têm um preço de sentimento; enquanto a lealdade nas promessas, o bem-querer fundado em princípios (e não no instinto) têm um valor íntimo. Na natureza e na arte, o seu valor não reside nos efeitos que delas derivam, na vantagem e na utilidade que criam, mas nas intenções, ou seja, nas máximas da vontade que sempre estão prestes a manifestar-se por ações, ainda que o êxito não as favoreça. Essas ações também não precisam de nenhuma recomendação, de qualquer disposição ou gosto subjetivos para as olharmos com favor e prazer imediatos; nem de nenhuma tendência imediata ou sentimento a seu favor, porque elas representam a vontade que as exerce como objeto de um respeito imediato, já que nada se exige mais como a razão para as impor à vontade, e não para as obter dela por privilégios, o que seria contraditório, tratando-se de deveres. Essa apreciação se dá, pois, ao conhecer como dignidade o valor de uma tal disposição de espírito que fica infinitamente acima de todo o preço. Nunca ela poderia ser posta em cálculo ou em confronto com qualquer coisa que tivesse um preço, sem de qualquer modo ferir a sua santidade.

Immanuel Kant

E o que é, então, que autoriza a intenção moralmente boa ou a virtude a fazer tão altas exigências? Nada menos do que a possibilidade que proporciona ao ser racional de participar na legislação universal e o tornar, por esse meio, apto a ser membro de um possível reino dos fins para o qual já estava destinado pela sua própria natureza como fim em si e, exatamente por isso, como legislador no reino dos fins, como livre sobre todas as leis da natureza, obedecendo somente àquelas que ele mesmo se dá e segundo as quais as suas máximas podem pertencer a uma legislação universal (à qual ele simultaneamente se submete), pois nada tem outro valor senão aquele que a lei lhe confere. Porém, a própria legislação, que determina todo o valor, tem de ter uma dignidade, isto é, um valor incondicional, incomparável, cuja avaliação feita por qualquer ser racional só a palavra respeito pode exprimir convenientemente. Autonomia, por sua vez, é o fundamento da dignidade da natureza humana e de toda a natureza racional.

As três maneiras indicadas de apresentar o princípio da moralidade são apenas outras tantas fórmulas dessa mesma lei e cada uma reúne em si as outras duas. Há, contudo, entre elas uma diferença, que é mais subjetiva do que objetivamente prática, para aproximar a ideia da razão da intuição (Anschauung), segundo certa analogia e mais perto do sentimento.

Todas as máximas têm, com efeito:

1) uma forma, que consiste na universalidade, e sob esse ponto de vista a fórmula do imperativo moral exprime-se de maneira que as máximas têm de ser escolhidas como se devessem valer como leis universais da natureza.

2) uma matéria, isto é, um fim, e então a fórmula diz: o ser racional, como fim segundo a sua natureza, portanto como fim em si mesmo, tem de servir a toda a máxima de condição restritiva de todos os fins meramente relativos e arbitrários.

SEGUNDA SEÇÃO

3) uma determinação completa de todas as máximas por meio daquela fórmula, a saber: que todas as máximas por legislação própria devem concordar com a ideia de um reino possível dos fins como um reino da natureza[15].

O progresso aqui efetua-se pelas categorias da unidade da forma da vontade (universalidade dessa vontade), da pluralidade da matéria (dos objetos, isto é, dos fins) e da totalidade do sistema desses. Mas é melhor, no juízo moral, proceder sempre segundo o método rigoroso e basear-se na fórmula universal do imperativo categórico: age segundo a máxima que possa simultaneamente constituir a lei universal. Mas se quiser ao mesmo tempo dar à lei moral acesso às almas, então é muito útil fazer passar uma e a mesma ação pelos três citados conceitos e aproximá-la assim, tanto quanto possível, da intuição.

Podemos, agora, voltar de onde começamos, do conceito de uma vontade absolutamente boa. É absolutamente boa a vontade que não pode ser má; portanto, a sua máxima, ao transformar-se em lei universal, nunca pode se contradizer. A sua lei suprema também é este princípio: age sempre segundo aquela máxima cuja universalidade como lei possas querer ao mesmo tempo; esta é a única condição sob a qual uma vontade nunca pode estar em contradição consigo mesma, e um tal imperativo é categórico. Uma vez que a validade da vontade, como lei universal para ações possíveis, tem analogia com a ligação universal da existência das coisas segundo leis universais, que é o elemento formal da natureza em geral, o imperativo categórico pode exprimir-se também assim: age segundo máximas que possam simultaneamente ter a si por objeto, como leis universais da natureza. Dessa forma, fica constituída a fórmula de uma vontade absolutamente boa.

A natureza racional distingue-se das restantes por se impor um fim, que seria a matéria de toda a boa vontade. Mas como na ideia de uma vontade absolutamente boa, sem condição restritiva (o fato de alcançar este ou aquele fim), é preciso abstrair inteiramente de todo o fim a realizar (o que faria toda vontade só relativamente boa). O fim aqui não deverá ser concebido como um fim a alcançar, mas como fim independente; portanto, só de maneira negativa, ou seja, nunca deverá agir contra ele e não deve ser avaliado como um simples meio, mas sempre simultaneamente como fim em todo o querer. Esse fim é o sujeito de todos os fins possíveis, porque ele é, ao mesmo tempo, o sujeito de uma possível vontade absolutamente boa, pois essa não pode, sem contradição, ser posposta a nenhum outro objeto.

O princípio: age a respeito de todo o ser racional (de ti mesmo e de outrem) de tal modo que ele, na tua máxima, valha simultaneamente como fim em si; é, assim, no fundo, idêntico ao princípio: age segundo uma máxima que contenha simultaneamente em si a sua própria validade universal para todo o ser racional, pois o fato de, no uso dos meios para qualquer fim, dever restringir a minha máxima à condição da sua validade universal como lei para todo o sujeito equivale exatamente a dizer: o sujeito dos fins, isto é, o ser racional, não deve nunca ser posto por fundamento de todas as máximas das ações como simples meio, mas como condição suprema restritiva no uso dos meios, isto é, sempre simultaneamente como fim.

Daqui segue-se incontestavelmente que todo o ser racional, como fim em si mesmo, terá de poder considerar-se, com respeito a todas as leis a que possa estar submetido, ao mesmo tempo, como legislador universal; porque exatamente essa aptidão das suas máximas a constituir a legislação universal é que o distingue como fim em si mesmo. Segue-se igualmente que essa sua dignidade (prerrogativa) diante de todos os simples seres naturais tem como consequência tomar sempre as suas máximas do ponto de vista de si mesmo e ao mesmo tempo também do ponto de vista de todos os outros seres racionais como legisladores (os quais, por isso, também se chamam pessoas). Dessa maneira, é possível um mundo de seres racionais (mundus intelligibilis) como reino dos fins, graças à própria legislação de todas as pessoas como membros dele. Por conseguinte, cada ser racional terá de agir pelas suas máximas como se fosse sempre um membro legislador no reino universal dos fins.

SEGUNDA SEÇÃO

O princípio formal dessas máximas é: age como se a tua máxima devesse servir ao mesmo tempo de lei universal (de todos os seres racionais). Um reino dos fins só é possível por analogia com um reino da natureza; aquele, porém, só segundo máximas, isto é, regras que se impõe a si mesmo, e esse só segundo leis de causas eficientes externamente impostas. Dá-se, também, ao conjunto da natureza, apesar de considerado como máquina, o nome de reino da natureza, enquanto se relaciona com os seres racionais como seus fins.

Um tal reino dos fins se realiza verdadeiramente por máximas, cuja regra o imperativo categórico prescreve a todos os seres racionais se elas fossem universalmente seguidas. Mas o ser racional não pode garantir que, mesmo que ele siga pontualmente essa máxima, todos os outros serão fiéis nem que, com o reino da natureza e sua ordenação de finalidade, venha a concordar com ele, como membro apto, na realização de um reino dos fins que ele mesmo tornaria possível, ou seja, que venha a favorecer a sua expectativa de felicidade a despeito de tudo isso que aquela lei diz: "Age segundo máximas de um membro universalmente legislador em ordem a um reino dos fins somente possível" conserva a sua força plena porque ordena categoricamente. E é exatamente nisso que reside o paradoxo: que a simples dignidade do homem considerado como natureza racional, sem qualquer outro fim ou vantagem a atingir por meio dela, portanto o respeito por uma mera ideia, deve servir de regra imprescindível da vontade, e que precisamente nessa independência da máxima diante de todos os motivos dessa ordem consista a sua sublimidade e torne todo o sujeito racional digno de ser um membro legislador no reino dos fins; pois, do contrário, teríamos de representá-lo somente como submetido à lei natural das suas necessidades. Mesmo que se concebesse o reino da natureza e o reino dos fins como reunidos sob um só chefe e que, desta sorte, o segundo desses reinos não continuasse a ser já uma mera ideia, mas recebesse verdadeira realidade, aquela receberia, sem dúvida, o reforço de um elemento poderoso, mas nunca aumentaria o seu valor íntimo; pois, apesar disso, deveria aquele legislador único e ilimitado ser representado sempre como julgando o valor dos seres racionais só pela sua conduta desinteressada que lhes é prescrita apenas por aquela ideia. A essência das coisas não se altera pelas suas relações externas, e o que, sem pensar nestas últimas, constitui por si só o valor absoluto do homem há de ser também aquilo por que ele deve ser julgado, seja por quem for, até o Ser supremo. A moralidade é a relação das ações com a autonomia da vontade, isto é, com a legislação universal possível por meio das suas máximas. A ação que possa concordar com a autonomia da vontade é permitida; a que com ela não concorde é proibida. A vontade cujas máximas concordem necessariamente com as leis da autonomia é uma vontade santa, absolutamente boa. A dependência em que uma vontade não absolutamente boa se encontra diante do princípio da autonomia (a necessidade moral) é a obrigação. Essa não pode, portanto, referir-se a um ser santo. A necessidade objetiva de uma ação por obrigação chama-se dever.

Em razão do que já foi explicado até aqui, podemos agora compreender com mais facilidade que, quando há a sujeição a uma lei, não há simultaneamente certa sublimidade e dignidade na pessoa que cumpre todos os seus deveres, pois, enquanto ela está submetida à lei moral, não há sublimidade alguma; mas há na medida em que ela é ao mesmo tempo legisladora em relação a essa lei moral e só por isso lhe está subordinada. Também mostramos anteriormente como não é nem o medo nem a inclinação, mas o respeito à lei que constitui o elemento que pode dar à ação um valor moral. A nossa própria vontade, na medida em que agisse só sob a condição de uma legislação universal possível pelas suas máximas, é o objeto próprio do respeito, e a dignidade da humanidade consiste precisamente nessa capacidade de ser legislador universal, se bem que com a condição de estar ao mesmo tempo submetido a essa mesma legislação.

SEGUNDA SEÇÃO

A autonomia da vontade como princípio supremo da moralidade

Autonomia da vontade é aquela propriedade que é para si mesma a sua lei (independente da natureza dos objetos do querer). O princípio da autonomia é: não escolher, a não ser que as máximas da escolha estejam incluídas simultaneamente no querer como lei universal. Que essa regra prática seja um imperativo, ou seja, que a vontade de todo ser racional esteja necessariamente ligada a ela como condição, é coisa que não podemos demonstrar pela simples análise dos conceitos nela contidos, pois se trata de uma proposição sintética; teria de ir além do conhecimento dos objetos e entrar em uma crítica do sujeito, isto é, da razão prática pura, pois essa proposição sintética, que ordena indiscutivelmente, tem de poder reconhecer-se inteiramente a priori. Mas esse assunto não cabe na presente seção. Pela simples análise dos conceitos da moralidade, pode-se, porém, mostrar muito bem que o citado princípio da autonomia é o único princípio da moral, pois, dessa maneira, descobre-se que esse seu princípio tem de ser um imperativo categórico, e que esse imperativo não manda nem mais, nem menos do que precisamente essa autonomia.

A heteronomia da vontade como fonte de todos os princípios ilegítimos da moralidade

Heteronomia se dá quando a vontade busca a lei, que deve determiná-la em qualquer outro ponto que não seja aptidão das suas máximas para a sua própria legislação universal, quando, passando de si mesma, busca essa lei na natureza de qualquer de seus objetos. Não é à vontade então que se dá a lei, mas o objeto que dá a lei à vontade pela sua relação com ela. Essa relação, seja na inclinação, seja em representações da razão, só pode tornar possíveis imperativos hipotéticos: devo fazer alguma coisa porque quero qualquer outra coisa. Ao contrário, o imperativo moral e, portanto, categórico, diz: devo agir desta ou daquela maneira, mesmo que não quisesse outra coisa. Por exemplo, aquele diz: não devo mentir, se quero continuar a ser honrado; este, porém, diz: não devo mentir, ainda que mentir não me trouxesse a menor vergonha. O último, portanto, tem de abstrair de todo o objeto, até o ponto de esse não ter nenhuma influência sobre a vontade, para que a razão prática (vontade) não seja uma mera administradora de interesse alheio, mas que demonstre a sua própria autoridade imperativa como legislação suprema. Assim, eu devo, por exemplo, procurar fomentar a felicidade alheia não como se eu tivesse qualquer interesse na sua existência (quer por inclinação imediata, quer, indiretamente, por qualquer satisfação obtida pela razão), mas porque a máxima que exclua essa felicidade não pode estar incluída em um só e mesmo querer como lei universal.

Classificação de todos os princípios possíveis da moralidade segundo o conceito fundamental da heteronomia

A razão humana, no seu uso puro, enquanto lhe falta a crítica, experimentou primeiro todos os caminhos errados antes de conseguir encontrar o único verdadeiro.

Todos os princípios que se possam adotar partindo desse ponto de vista são ou empíricos ou racionais. Os primeiros, derivados do princípio da felicidade, apoiam-se no sentimento físico ou no moral; os segundos, derivados do princípio da perfeição, sustentam-se ou no conceito racional dessa perfeição como efeito possível ou no conceito de uma perfeição independente (a vontade de Deus como causa determinante da nossa vontade.

SEGUNDA SEÇÃO

Princípios empíricos nunca servem para fundar leis morais, pois a universalidade com que elas devem valer para todos os seres racionais sem distinção, ou seja, a necessidade prática incondicional que por isso lhes é imposta, desaparece quando o fundamento dela se deriva da particular constituição da natureza humana ou das circunstâncias contingentes em que ela está colocada. O princípio mais condenável, porém, é o da felicidade própria, não só porque é falso e porque a experiência contradiz a suposição de que o bem-estar se rege sempre pelo benfazer; não só porque não contribui em nada para o fundamento da moralidade, uma vez que é totalmente diferente fazer um homem feliz ou fazê-lo bom, e fazê-lo prudente e esperto em atenção ao seu interesse ou fazê-lo virtuoso, mas sim porque atribui à moralidade elementos que antes minam e destroem toda a sublimidade da felicidade, juntando na mesma classe os motivos que levam à virtude e os que levam ao vício, e ensinando somente a fazer melhor o cálculo, mas apagando totalmente a diferença específica entre virtude e vício. Pelo contrário, o sentimento moral, esse pretenso sentido[16] especial (por superficial que seja apelar para ele, pois são aqueles que não são capazes de pensar que julgam poder libertar-se com a ajuda do sentimento, mesmo naquilo que depende somente de leis universais, e ainda que os sentimentos que, por natureza, são infinitamente distintos uns dos outros em grau não possam fornecer uma escala igual para medir o bem e o mal, exatamente como ninguém pode julgar, partindo do seu próprio sentimento, validamente por outras pessoas) está, contudo, mais perto da moralidade e da sua dignidade porque tributa à virtude a honra de lhe atribuir imediatamente a satisfação e o respeito por ela e não lhe diz na cara que não é a sua beleza, mas somente o interesse, que a ela nos liga.

Entre os princípios racionais da moralidade, o preferível é ainda o conceito da investigação teórica, ou ontológico, da perfeição, por mais vazio, indeterminado e inutilizável que ele seja, para encontrar, no campo imensurável da realidade possível, a maior soma que nos convenha, e embora também, ao distinguir especificamente de qualquer outra realidade de que aqui se trata, ele tenha a tendência inevitável de girar em círculos e não possa evitar pressupor tacitamente essa moralidade que deve explicar. Apesar disso, o conceito ontológico da perfeição é melhor do que o conceito teológico, derivado da moralidade de uma vontade divina infinitamente perfeita, e isso não porque nós não podemos intuir a perfeição da vontade divina, mas porque apenas a podemos derivar dos nossos conceitos, entre os quais o da moralidade é o mais nobre, mas ainda porque, se assim não fizéssémos (e, se tal acontecesse, isso seria um grosseiro círculo na explicação), o único conceito da vontade divina, que ainda nos restaria teria de fazer das propriedades da ambição de honra e de domínio, ligadas às imagens terríveis da autoridade e da vingança, o fundamento de um sistema dos costumes exatamente oposto à moralidade.

Se eu tivesse de escolher entre o conceito do sentido moral e o da perfeição em geral (ambos os quais, pelo menos, não lesam a moralidade, embora não sirvam para lhe dar uma base sólida), iria me decidir pelo último, porque, afastando pelo menos da sensibilidade e levando ao tribunal da razão pura a decisão da questão, embora este aqui também nada decida, conserva no entanto, para uma determinação mais precisa, sem a falsear, a ideia indeterminada (de uma vontade boa em si).

Creio, de resto, poder dispensar-me de uma explicação mais desenvolvida dessas doutrinas. Ela é tão fácil e provavelmente tão bem reconhecida mesmo por aqueles cujo ofício os obriga a pronunciar-se a favor de uma dessas teorias (pois os ouvintes não toleram de bom grado a suspensão do juízo), que seria trabalho em vão fazê-la. O que aqui mais nos interessa é saber que esses princípios nada mais são como primeiro fundamento da moralidade do que heteronomia da vontade e que, por isso mesmo, têm de falhar necessariamente o seu fim.

Heteronomia se dá quando um objeto da vontade tem de ser posto como fundamento para prescrever a regra que a determina. Já o imperativo é condicionado: porque se quer este objeto, tem que proceder deste ou daquele modo, portanto, nunca pode mandar moralmente, ou seja, categoricamente.

SEGUNDA SEÇÃO

Quer o objeto determine a vontade por meio da inclinação, como no caso do princípio da felicidade própria, quer a determine por meio da razão dirigida a objetos do nosso querer possível em geral, como no princípio da perfeição, a vontade nunca se determina imediatamente pela representação da ação, mas pelo elemento resultante da influência que o efeito previsto da ação exerce sobre ela: devo fazer tal coisa porque quero outra; e aqui tem de ser posta no meu sujeito outra lei como fundamento, segundo a qual eu quero, necessariamente, essa outra coisa, e essa lei, por sua vez, precisa de um imperativo que limite essa máxima. A influência da representação de um objeto – possível por nossas forças, segundo a constituição natural do sujeito – sobre a vontade do sujeito depende da natureza dele, seja a sensibilidade (inclinação ou gosto), seja o entendimento e a razão, cujo emprego varia de acordo com a constituição peculiar de sua natureza seguida por sua satisfação. Disso resulta que a natureza propriamente daria a lei, e então essa tem de ser reconhecida e demonstrada pela experiência é, portanto, em si mesma contingente. Por isso ela é imprópria como regra prática apodíctica, como tem de ser a lei moral, sendo, portanto, sempre só heteronomia da vontade. A vontade não dá a lei a si mesma, mas é um impulso estranho que a dá por meio de uma disposição natural do sujeito acomodada à receptividade desse mesmo impulso.

A vontade absolutamente boa, cujo princípio tem que ser um imperativo categórico, indeterminada a respeito de todos os objetos, conterá somente a forma do querer em geral, e isso como autonomia significa: a aptidão da máxima de toda a boa vontade de se transformar em lei universal é a única lei que se impõe à vontade de todo o ser racional, sem subpor qualquer impulso ou interesse como fundamento.

Como é possível uma tal proposição prática sintética a priori? E por que ela é necessária? Eis um problema cuja solução não cabe já nos limites da Metafísica dos Costumes. Tampouco afirmamos nós aqui a sua verdade e muito menos pretendemos ter no nosso poder os meios de a provar. Mostramos apenas, pelo desenvolvimento do conceito de moralidade uma vez posto universalmente em questão, que está ainda inevitavelmente ligada a ele, ou melhor, que está na sua base, uma autonomia da vontade. Quem, pois, considere a moralidade como alguma coisa real, e não como uma ideia inventada sem verdade, tem de conceder, simultaneamente, o princípio dela por nós enunciado.

Essa segunda seção foi, como a primeira, puramente analítica. Teve a finalidade de estabelecer que a moralidade não é uma imaginação, coisa que se deduz logo que o imperativo categórico e com ele a autonomia da vontade sejam verdadeiros e absolutamente necessários como princípio a priori, logo, é preciso admitir um possível uso sintético da razão pura prática, o que não podemos arriscar sem o fazer preceder de uma crítica dessa faculdade da razão. Na última seção, exporemos os seus traços principais, suficientes para o nosso propósito.

Terceira Seção
Transição da metafísica dos costumes
para a crítica da razão prática pura

Immanuel Kant

"O conceito da liberdade é a chave da explicação da autonomia da vontade."

A vontade é uma espécie de causalidade dos seres vivos, enquanto racionais, e a liberdade seria a propriedade dessa causalidade, pela qual ela pode ser eficiente, independente de causas estranhas que a determinem, assim como a necessidade natural é a propriedade da causalidade de todos os seres irracionais para serem determinados à atividade pela influência de causas estranhas.

A definição da liberdade que acabamos de propor é negativa e improdutiva para conhecer a sua essência, mas dela decorre um conceito positivo que é mais rico e produtivo. O conceito de uma causalidade traz consigo o de leis segundo as quais prova-se por meio da causa e do efeito que a liberdade não é desprovida de lei, antes tem de ser uma causalidade segundo leis imutáveis, ainda que de uma espécie particular; pois, de outro modo, uma vontade livre seria um absurdo. A necessidade natural era uma heteronomia das causas eficientes; pois todo o efeito só era possível segundo a lei de que alguma outra coisa determinasse à causalidade a causa eficiente. Que outra coisa pode ser, senão a autonomia, a propriedade da vontade de ser lei para si mesma? Contudo, a proposição "a vontade em todas as ações, uma lei para si mesma" caracteriza apenas o princípio de não agir segundo nenhuma outra máxima que não seja aquela que possa ter a si mesma por objeto como lei universal. Isso, porém, é precisamente a fórmula do imperativo categórico e o princípio da moralidade. Assim, vontade livre e vontade submetida a leis morais são a mesma coisa.

Se a liberdade se pressupõe da vontade, segue-se daqui a moralidade com o seu princípio, por simples análise do seu conceito. Entretanto, esse princípio continua a ser uma proposição sintética: uma vontade absolutamente boa é aquela cuja máxima pode sempre conter-se e ser considerada como lei universal; pois, por análise do conceito de uma

TERCEIRA SEÇÃO

vontade absolutamente boa, não se pode achar aquela propriedade da máxima. Tais proposições sintéticas só são possíveis em razão de os dois conhecimentos estarem ligados entre si pelo enlace com um terceiro em que se encontram. O conceito positivo da liberdade cria esse terceiro que não pode ser, como nas causas físicas, a natureza do mundo sensível (em cujo conceito vemos a junção dos conceitos de alguma coisa como causa, em relação a outra como efeito). O que é, então, esse terceiro a que a liberdade nos remete e de que temos uma ideia a priori, eis o que não se pode ainda mostrar imediatamente, como também não se pode deduzir da razão prática pura o conceito de liberdade, e com ela também a possibilidade de um imperativo categórico. Para isso, precisamos ainda de mais preparação.

A liberdade tem de pressupor-se como propriedade da vontade de todos os seres racionais

Não basta que atribuamos liberdade à nossa vontade se não tivermos razão suficiente para a atribuirmos a todos os seres racionais. Assim como a moralidade nos serve de lei somente porque somos seres racionais, ela tem de valer para todos os seres racionais; e, como deriva-se da propriedade da liberdade, essa, por sua vez, tem de ser demonstrada como propriedade da vontade em todos os seres racionais, e não basta verificá-la por supostas experiências da natureza humana (se bem que isso é absolutamente impossível e só possa ser demonstrado a priori); temos de demonstrá-la como pertencente à atividade de seres racionais em geral e dotados de uma vontade. Digo, pois: todo ser que não pode agir a não ser sob a ideia da liberdade é, em sentido prático, verdadeiramente livre, ou seja, para ele valem todas as leis que estão inseparavelmente ligadas à liberdade, exatamente como se a sua vontade fosse definida como livre em si mesma e de modo válido na filosofia teórica[17]. Agora, afirmo: a todo o ser racional com uma vontade, temos de atribuir-lhe também a ideia da liberdade, sob a qual ele unicamente pode agir, pois em um tal ser pensamos em uma razão que é prática, que possui causalidade em relação aos seus objetos. É impossível pensar uma razão que com a sua própria consciência recebesse de qualquer outra parte uma direção a respeito dos seus juízos, pois o sujeito atribuiria a determinação da faculdade de julgar, não à sua razão, mas a um impulso. Ela tem de considerar-se como autora dos seus princípios, independente de influências estranhas; por conseguinte, como razão prática ou como vontade de um ser racional, tem de considerar-se livre; isto é, a vontade desse ser só pode ser uma vontade própria sob a ideia da liberdade e, portanto, é preciso atribuir, em sentido prático, uma tal vontade a todos os seres racionais.

Do interesse que anda ligado às ideias da moralidade

Acabamos de referir, afinal, o conceito determinado da moralidade à ideia da liberdade, mas não pudemos demonstrar essa como algo real nem em nós mesmos e na natureza humana; vimos somente que temos de pressupô-la se quisermos pensar um ser como racional e com consciência da sua causalidade a respeito das ações, isto é, dotado de uma vontade, e assim achamos que, exatamente pela mesma razão, temos de atribuir a todo o ser dotado de razão e vontade essa propriedade de se determinar a agir sob a ideia da sua liberdade.

Da pressuposição dessa ideia, decorreu também a consciência de uma lei de ação que diz que os princípios subjetivos das ações, isto é, as máximas, têm de ser sempre tomados para valerem também objeti-

TERCEIRA SEÇÃO

vamente, ou seja, universalmente como princípios a fim de servir para a nossa própria legislação universal. Por que eu devo submeter-me a esse princípio, e isso como ser racional em geral, bem como todos os outros seres dotados de razão? Quero conceder que nenhum interesse me impulsione a isso, pois assim não poderia resultar nenhum imperativo categórico. Contudo, tenho necessariamente de tomar interesse por isso e compreender como acontece, pois esse dever é propriamente um querer que valeria para todo ser racional, sob a condição de a razão nele ser prática sem obstáculos; para seres que, como nós, são afetados por sensibilidade como elementos de outra espécie, para seres em que nem sempre acontece o que a razão por si só faria, aquela necessidade da ação chama-se um dever, e a necessidade subjetiva distingue-se da necessidade objetiva.

Entretanto, parece que, na ideia da liberdade, supomos propriamente a lei moral, o próprio princípio da autonomia da vontade, sem podermos demonstrar por si mesma a sua realidade e necessidade objetiva. Dessa forma, teríamos ganhado algo muito importante, por termos determinado pelo menos o princípio autêntico com mais exatidão do que costuma acontecer; mas, pelo que se refere à sua validade e à necessidade prática de se submeter a ele, nada teríamos adiantado, pois não poderíamos dar resposta satisfatória a quem nos perguntasse por que a validade universal da nossa máxima, considerada como lei, tem de ser a condição limitativa das nossas ações, e como fundamos o valor que atribuímos a tal modo de agir, valor que deve ser tão grande que não pode haver em parte alguma nenhum interesse mais alto, como acontece com o homem que julga sentir o seu valor pessoal, que independente de ser agradável ou desagradável deve ser considerado nulo.

Achamos certo nos importar com uma qualidade pessoal que não depende do interesse da nossa situação, desde que ela nos torne capazes de participar dela, no caso de a razão contribuir; isto é, achamos que o simples fato de ser digno da felicidade, mesmo sem o motivo de participar pode por si só interessar. Mas esse juízo é apenas o efeito da já pressuposta importância das leis morais (quando nós, pela ideia da

Immanuel Kant

liberdade, nos separamos de todo o interesse empírico); dessa maneira, porém, não podemos ainda compreender que devemos nos considerar livres no agir; devemos nos considerar submetidos a determinadas leis, para acharmos valor em nós, valor esse que possa nos compensar da perda de tudo aquilo que proporciona valor à nossa condição; não podemos tampouco compreender como isso seja possível.

Mostra-se, aqui, uma espécie de círculo vicioso do qual, ao que parece, não há maneira de sair. Consideramo-nos livres na ordem das causas eficientes para nos sentirmos submetidos a leis morais na ordem dos fins; e depois nos sentimos submetidos a essas leis porque nos atribuímos a liberdade da vontade, pois liberdade e a própria legislação da vontade são autonomia. Portanto são conceitos transmutáveis, um dos quais não pode, por isso mesmo, ser usado para explicar o outro e fornecer o seu fundamento, mas sim para reduzir a um conceito único, em sentido lógico. São representações aparentemente diferentes do mesmo objeto (como se reduzem diferentes frações do mesmo valor às suas expressões mais simples).

Mas ainda nos resta uma saída, que é procurar a liberdade como causa eficiente a priori, e não adotarmos outro ponto de vista do que quando representamos a nós mesmos, segundo as nossas ações, como efeitos que vemos diante dos nossos olhos.

Há uma observação que se pode fazer sem necessidade de qualquer reflexão e que se pode supor ao alcance do entendimento mais comum, ainda que à sua maneira, por meio de uma obscura distinção da faculdade de julgar chamada sentimento: todas as representações que nos vêm sem intervenção do nosso arbítrio (como as dos sentidos) nos dão a conhecer os objetos de modo não diferente daquele como nos afetam, ficando-nos assim desconhecido o que eles em si mesmos possam ser, e não é possível chegar, pelo que se refere a essa espécie de representações, ainda com o maior esforço de atenção e clareza que o entendimento possa acrescentar, senão somente ao conhecimento dos fenômenos, e nunca das coisas em si mesmas. Logo que se tenha feito tal distinção (por meio da diferença notada entre as representações que nos são dadas

TERCEIRA SEÇÃO

de fora e nas quais nós somos passivos, e as que nós produzimos unicamente de nós mesmos e nas quais demonstramos a nossa atividade), segue-se por si que por trás dos fenômenos há de admitir e conceder ainda outra coisa que não é fenômeno, isto é, as coisas em si. Uma vez que elas nunca nos podem ser conhecidas senão apenas como nos afetam, conformamo-nos em não poder aproximar-nos bastante delas e nunca poder saber o que elas são em si. Daqui, tem de resultar a distinção, embora grosseira, entre um mundo sensível e um mundo inteligível, o primeiro dos quais pode variar muito segundo a diferença de sensibilidade dos diversos espectadores, enquanto o segundo, que lhe serve de base, permanece sempre idêntico. Nem a si mesmo, e conforme o conhecimento que de si próprio tem por sentido íntimo, pode o homem conhecer-se tal como ele é em si, pois, visto ele não se criar, por assim dizer, e não ter de si um conceito a priori, mas sim um conceito recebido empiricamente, é natural que ele só possa também tomar conhecimento de si pelo seu sentido íntimo e consequentemente só pelo fenômeno da sua natureza e pelo modo como a sua consciência é afetada, enquanto tem de admitir, necessariamente, para além dessa constituição do seu próprio sujeito composta de meros fenômenos, outra coisa ainda que lhe está na base, a saber, o seu Eu, tal como ele seja constituído em si, e contar-se, relativamente à mera percepção e receptividade das sensações, entre o mundo sensível, mas pelo que respeita aquilo que nele possa ser pura atividade (aquilo que chega à consciência, não por afeição dos sentidos, mas imediatamente) e o mundo intelectual, de que, aliás, nada mais sabe.

Conclusão semelhante tem de tirar o homem reflexivo de todas as coisas que lhe apresentem; provavelmente, tal conclusão se encontra também no entendimento mais comum, o qual, como é sabido, é muito inclinado a supor, por meio dos objetos dos sentidos, ainda mais alguma coisa de invisível e por si mesmo ativo; mas essa ideia logo estraga de novo ao dar uma forma sensível a algo invisível, isto é, ao querer fazer dela um objeto de intuição, com o que não avança nem um só passo em sabedoria.

O homem encontra realmente em si mesmo uma faculdade pela qual se distingue de todas as outras coisas e até de si mesmo, na medida em que ele é afetado por objetos; essa faculdade é a razão (Vernunft). Essa, como pura atividade própria, está ainda acima do entendimento (Verstands), embora esse seja também atividade própria e não contenha somente, como o sentido, representações que só se originam quando somos afetados por coisas (passivos, portanto). O entendimento não pode tirar da sua atividade outros conceitos senão aqueles que servem apenas para submeter a regras as representações sensíveis e reuni-las por esse meio em uma consciência; ou seja, sem o uso da sensibilidade, ele não pensaria absolutamente nada. A razão, pelo contrário, mostra, sob o nome das ideias, uma espontaneidade tão pura que por ela ultrapassa de longe tudo o que a sensibilidade pode fornecer ao entendimento; e mostra a sua mais elevada função na distinção que estabelece entre mundo sensível e mundo inteligível, marcando, assim, os limites ao próprio entendimento.

Por tudo isso é que um ser racional deve considerar-se como inteligência, não como pertencente ao mundo sensível, mas como pertencente ao mundo inteligível; consequentemente, tem dois pontos de vista dos quais pode considerar-se e reconhecer leis do uso das suas forças, e, portanto, de todas as suas ações: o primeiro, como pertencente ao mundo sensível, sob leis naturais (heteronomia); o segundo, como pertencente ao mundo inteligível, sob leis que, independentes da natureza, não são empíricas, mas fundadas somente na razão.

Como ser racional e, assim, pertencente ao mundo inteligível, o homem não pode pensar nunca a causalidade da sua própria vontade sob a ideia da liberdade, posto que a independência das causas determinantes do mundo sensível (independência que a razão tem sempre de atribuir-se) é liberdade. Ora, a ideia da liberdade está inseparavelmente ligada ao conceito de autonomia, e este ao princípio universal da moralidade, o qual, na ideia, está na base de todas as ações de seres racionais como a lei natural está na base de todos os fenômenos.

TERCEIRA SEÇÃO

Agora desaparece a suspeita que anteriormente levantamos de que houvesse um círculo vicioso oculto na nossa conclusão da passagem da liberdade à autonomia e desta à lei moral, isto é, de talvez termos posto como fundamento a ideia de liberdade apenas por causa da lei moral para depois concluir essa e, desse modo, não podíamos dar nenhum fundamento daquela, mas apenas a admitir como concessão de um princípio que as almas bem formadas de bom grado nos concederiam, sem que a pudéssemos jamais estabelecer como proposição demonstrável. Pois agora vemos que, quando nos achamos livres, nos transpomos para o mundo inteligível como seus membros e reconhecemos a autonomia da vontade, com a sua consequência: a moralidade; mas, quando nos pensamos como obrigados, consideramo-nos pertencentes ao mundo sensível e ao mesmo tempo também ao mundo inteligível.

Como é possível um imperativo categórico?

O ser racional, como inteligência, é pertencente ao mundo inteligível e só designa vontade à sua causalidade como causa eficiente que compete a esse mundo inteligível. Por outro lado, tem consciência de si mesmo também como parte do mundo sensível, no qual as suas ações se encontram como meros fenômenos daquela causalidade. Entretanto, a possibilidade dessas ações não pode ser compreendida por essa causalidade que não conhecemos, a não ser que aquelas ações entendidas como pertencentes do mundo sensível sejam determinadas por outros fenômenos, por exemplo: apetites e inclinações. Se eu fosse um mero membro do mundo inteligível, todas as minhas ações estariam perfeitamente em conformidade com o princípio da autonomia da vontade pura; mas, como mera parte do mundo sensível, elas teriam de ser tomadas como totalmente conformes à lei natural dos apetites e das inclinações em razão da heteronomia da natureza. (As primeiras se sustentariam no princípio supremo da moralidade; as segundas, no da felicidade.) Mas como o mundo inteligível contém o fundamento do mundo sensível e, portanto, também das suas leis, com respeito à minha vontade (que pertence totalmente ao mundo inteligível), imediatamente legislador e devendo também ser pensado como tal, resulta daqui que, embora me conheça como ser pertencente ao mundo sensível, terei como inteligência de reconhecer-me submetido à lei do mundo inteligível, isto é, à razão, que na ideia de liberdade contém a lei desse mundo e, portanto, à autonomia da vontade; dessa forma, terei de considerar as leis do mundo inteligível como imperativos para mim, e as ações conformes a esse princípio como deveres.

E assim são possíveis os imperativos categóricos, porque a ideia da liberdade faz de mim um membro do mundo inteligível. Se eu fosse só isso, todas as minhas ações seriam sempre conformes à autonomia da vontade; mas, como ao mesmo tempo me vejo como membro do mundo sensível, essas minhas ações devem ser conformes a essa autonomia. E esse dever categórico representa uma proposição sintética a priori, pois, acima da minha vontade afetada por apetites sensíveis, sobrevém ainda a ideia dessa mesma vontade, mas como pertencente ao mundo inteligível, pura, prática por si mesma, que contém a condição suprema da primeira segundo a razão; mais ou menos como às intuições do mundo sensível se juntam conceitos do entendimento, os quais por si mesmos nada mais significam senão a forma de lei em geral, e assim tornam possíveis proposições sintéticas a priori sobre as quais repousa todo o conhecimento de uma natureza.

O uso prático da razão comum humana confirma a exatidão dessa dedução. Não há ninguém, nem mesmo o pior malvado, contanto que esteja habituado a usar a razão, que não deseje também ter esses sentimentos quando lhe apresentam exemplos de lealdade nas intenções, de perseverança na obediência a boas máximas, de compaixão e universal benevolência (e ainda por cima ligados a grandes sacrifícios de interesses e comodidades). Mas não pode realizar esse desejo apenas por causa das suas inclinações e impulsos, desejando ao mesmo tempo libertar-se

TERCEIRA SEÇÃO

de tais tendências que a ele mesmo oprimem. Por esse meio, ele prova que pensamentos se transpõem, por uma vontade livre de impulsos da sensibilidade, a uma ordem de coisas totalmente diferentes da dos seus apetites no campo da sensibilidade, pois daquele desejo não pode ele esperar nenhum prazer dos apetites e, logo, nenhum estado satisfatório para qualquer das suas inclinações reais ou imaginárias (porque a ideia que lhe arranca esse desejo perderia a sua excelência), mas somente um maior valor íntimo da sua pessoa. Essa, por sua vez, acredita mais em si quando se situa no ponto de vista de um membro do mundo inteligível, a que involuntariamente o obriga a ideia da liberdade, isto é, da independência de causas determinantes do mundo sensível.

Colocado nesse ponto de vista, ele tem a consciência de possuir uma boa vontade, a qual constitui, segundo a sua própria confissão, a lei para a sua má vontade como membro do mundo sensível; lei essa cuja dignidade reconhece ao transgredi-la. O dever moral é, pois, um próprio querer, e só é pensado por ele como dever na medida em que ele se considera ao mesmo tempo membro do mundo sensível.

Do limite extremo de toda a filosofia prática

Todos os homens se consideram livres quanto à vontade, e daí provêm todos os juízos sobre ações que deveriam ter acontecido. No entanto, essa liberdade não é um conceito da experiência, nem pode sê-lo, pois se mantém sempre, mesmo que a experiência mostre o contrário daquelas exigências que, pressupondo a liberdade, representam-se como necessárias. Por outro lado, é igualmente importante que tudo o que acontece seja determinado inevitavelmente por leis naturais, e essa necessidade natural não é um conceito da experiência, exatamente porque implica o conceito de necessidade e, portanto, o de um conhecimento a priori. Porém, tal conceito de uma natureza é confirmado pela experiência e tem de ser pressuposto inevitavelmente caso se queira que seja possível a experiência, isto é, o conhecimento sistemático dos objetos dos sentidos, segundo leis universais. Por isso, a liberdade é apenas uma ideia da razão cuja realidade objetiva é em si duvidosa; a natureza, porém, é um conceito do entendimento que demonstra e tem necessariamente de demonstrar a sua realidade com exemplos da experiência.

Resulta disso uma dialética da razão, uma vez que a liberdade que a vontade se atribui parece estar em contradição com a necessidade natural, e, nessa encruzilhada, a razão, sob o ponto de vista especulativo, acha o caminho da necessidade natural muito mais plano e praticável do que o da liberdade. No entanto, sob o ponto de vista prático, o caminho preposto da liberdade é o único pelo qual é possível fazer uso da razão nas nossas ações e omissões; e será impossível à mais sutil filosofia, bem como à razão humana mais comum, eliminar a liberdade com argumentos sofísticos. Porém, há de pressupor que, entre liberdade e necessidade natural dessas mesmas ações humanas, não existe nenhuma verdadeira contradição, pois não se pode renunciar nem ao conceito da natureza nem ao da liberdade.

É preciso eliminar, de modo convincente, essa aparente contradição, mesmo quando não se pode nunca conceber como a liberdade é possível, pois até o pensamento de liberdade se contradiz a si mesmo ou à natureza, que é igualmente necessária e teria ela de ser abandonada inteiramente diante da necessidade natural.

É impossível, porém, escapar a essa contradição se o sujeito, que se crê livre, pensasse no mesmo sentido ou na mesma relação quando se acha livre e se considera submetido à lei natural quanto à mesma ação. Por isso, é um problema inevitável da Filosofia especulativa mostrar, pelo menos, que a sua ilusão por causa dessa contradição conclui o que pensamos do homem em sentido e relação muito diferente quando o consideramos livre do que quando o consideramos peça da natureza e submetido às suas leis, e que ambos podem muito bem estar juntos e devem ser pensados como necessariamente unidos no mesmo sujeito; porque, do contrário, não se poderia explicar por que havíamos de

TERCEIRA SEÇÃO

sobrecarregar a razão com uma ideia que, embora se deixe unir sem contradição a outra suficientemente estabelecida, vem, no entanto, enredar-nos em uma questão que põe a razão no seu uso teórico em grandes dificuldades. Porém esse dever incumbe apenas à Filosofia especulativa para poder abrir caminho livre à Filosofia prática. Não cabe, portanto, no arbítrio do filósofo resolver ou deixar intacta a aparente contradição; pois, nesse último caso, a teoria a esse respeito é um *bonum vacans* cuja posse o fatalista pode instalar com razão e expulsar toda a moral do pretenso domínio que ela possui sem título algum.

Contudo, não se pode dizer que aqui começa a fronteira da Filosofia prática, pois aquela liquidação do debate não lhe pertence de maneira alguma; o que ela exige da razão especulativa é somente que acabe com essa discórdia em questões teóricas, para que a razão prática tenha repouso e segurança diante dos ataques exteriores que poderiam disputar-lhe o terreno sobre o qual quer instalar-se.

Todavia a pretensão legítima que até a razão humana comum tem à liberdade da vontade funda-se na consciência e na pressuposição admitida da independência da razão quanto às causas determinantes puramente subjetivas que, no conjunto, constituem o que pertence somente à sensação e, consequentemente, cai sob a designação geral de sensibilidade. O homem que, dessa maneira, se considera como inteligência, coloca-se assim em outra ordem de coisas e em uma relação com princípios determinantes de espécie totalmente diferente quando se pensa como inteligência dotada de vontade, e por conseguinte de causalidade, do que quando se percebe como um fenômeno no mundo sensível (o que realmente também é) e subordina a sua causalidade, segundo leis da natureza, a uma determinação externa. Ora, ambas podem e até devem acontecer ao mesmo tempo.

Uma vez que uma coisa na ordem dos fenômenos (como pertencente ao mundo sensível) esteja submetida a certas leis, não há a menor contradição em dizer de que essa mesma coisa, ou ser em si, é independente; mas, uma vez que o homem tenha de representar-se e pensar sobre si dessa maneira dupla, isso funda-se, para o primeiro caso, na consciência de si mesmo, como objeto afetado pelos sentidos; para o segundo, na consciência de si mesmo como inteligência, ou seja, como ser independente, no uso da razão, de impressões sensíveis (portanto, como pertencente ao mundo inteligível).

Daqui provém que o homem atribua a si uma vontade que não deixa aumentar nada que apenas pertença aos seus apetites e inclinações, e nas quais, pelo contrário, pensa como possíveis por si e mesmo como necessárias; ações que só podem acontecer desprezando todos os apetites e todas as solicitações dos sentidos. A causalidade dessas ações reside nele como inteligência e nas leis dos efeitos e ações segundo princípios de um mundo inteligível, do qual nada mais sabe senão que nesse mundo só a razão dá a lei, e a razão pura, independente da sensibilidade. Igualmente, como nesse mundo é ele, como inteligência, que é o eu verdadeiro (ao mesmo tempo que como homem é apenas fenômeno de si mesmo), essas leis importam-lhe imediata e categoricamente, de modo que aquilo que as inclinações e os apetites (ou seja, toda a natureza do mundo sensível) solicitam em nada pode lesar as leis do seu querer como inteligência. Mais ainda, ele não toma a responsabilidade desses apetites e inclinações e não as atribui ao seu verdadeiro eu, isto é, à sua vontade; o que ele se impõe, sim, é a complacência que poderia ter por elas se lhes concedesse influência sobre as suas máximas com prejuízo das leis racionais da vontade.

Ao introduzir-se, assim, pelo pensamento em um mundo inteligível, a razão prática não ultrapassa em nada os seus limites; mas sim se quisesse entrar nesse mundo por intuição, por sentimento. Aquele primeiro é apenas um pensamento negativo com respeito ao mundo sensível, o qual não dá leis à razão na determinação da vontade; só é positivo neste único ponto: que essa liberdade, como determinação negativa, está ligada ao mesmo tempo a uma faculdade (positiva) e até a uma causalidade da razão a que chamamos uma vontade e que é a faculdade de agir de tal modo que o princípio das ações seja conforme ao caráter essencial de uma causa racional, quer dizer, à condição da validade universal da máxima como lei. Porém se a razão quisesse ainda

TERCEIRA SEÇÃO

tirar do mundo inteligível um objeto da vontade, isto é, um elemento, então ultrapassaria ela os seus limites e pretenderia conhecer alguma coisa de que nada sabe. O conceito de um mundo inteligível é apenas um ponto de vista cuja razão se vê forçada a ter fora dos fenômenos, para se pensar como prática, o que não seria possível se as influências da sensibilidade fossem determinantes para o homem. Entretanto, é necessário, na medida em que não se deve negar a consciência de si mesmo como inteligência, consequentemente como causa racional e atuante pela razão, isto é, livremente eficiente. Esse pensamento traz consigo a ideia de outra ordem e legislação do que a do mecanismo natural que concerne ao mundo sensível, e torna necessário o conceito de um mundo inteligível (isto é, o todo dos seres racionais como coisas em si mesmas), mas isso sem a mínima pretensão de ultrapassar aqui o pensamento do que é simplesmente a sua condição formal, ou seja, a universalidade da máxima da vontade como lei, por conseguinte, a autonomia da vontade, que é a única que pode ser compatível com a sua liberdade; pelo contrário, todas as leis que se relacionem com um objeto têm como resultado heteronomia, que só se pode encontrar em leis naturais e só se refere ao mundo sensível.

A razão ultrapassaria logo todos os seus limites se se atrevesse a explicar como é que a razão pura pode ser prática, o que seria a mesma coisa que explicar como é possível a liberdade. Só podemos explicar aquilo que podemos atribuir a leis cujo objeto possa ser dado em qualquer experiência possível. Ora, a liberdade é uma mera ideia cuja realidade objetiva não pode ser de modo algum exposta segundo leis naturais e, portanto, em nenhuma experiência também, uma vez que nunca se pode supor um exemplo por analogia, nunca pode ser concebida, sequer conhecida. Ela vale somente como pressuposto necessário da razão em um ser que julga ter consciência de uma vontade, isto é, de uma faculdade bem diferente da simples faculdade de desejar (a faculdade de se determinar a agir como inteligência, ou seja, segundo leis da razão, independentemente de instintos naturais). Onde cessa a determinação, segundo leis naturais, cessa também toda a explicação, e nada mais resta senão a defesa, isto é, a repulsão das objeções daqueles que pretendem ter visto mais fundo na essência das coisas, e por isso atrevidamente declaram a liberdade impossível. Pode-se mostrar somente que a contradição que eles julgam ter descoberto aqui consiste no seguinte: para tornar válida a lei natural no que diz respeito às ações humanas, eles tiveram de considerar o homem necessariamente como fenômeno; e, agora, quando se exige deles que o pensem também, como inteligência, como coisa em si mesma, eles continuam ainda a considerá-lo como fenômeno. Então, o fato de subtrair a causalidade do homem (isto é, a sua vontade) a todas as leis naturais do mundo sensível em um e o mesmo sujeito constituiria uma contradição que desaparece se eles quiserem refletir e confessar, como é justo, que por trás dos fenômenos têm de estar, como fundamento deles, as coisas em si mesmas (ainda que ocultas), cujas leis eficientes não se pode exigir que sejam idênticas àquelas a que estão submetidas as suas manifestações fenomenais.

A impossibilidade subjetiva de explicar a liberdade da vontade é idêntica à impossibilidade de descobrir e tornar concebível um interesse[18] que o homem possa tomar pelas leis morais. E, no entanto, é um fato que ele toma realmente interesse por elas, cujo fundamento em nós é o que chamamos de sentimento moral, que alguns têm falsamente apresentado como padrão do nosso juízo moral, quando é certo que ele deve ser considerado antes como o efeito subjetivo que a lei exerce sobre a vontade e do qual só a razão fornece os princípios objetivos.

Para que um ser ao mesmo tempo racional e afetado pelos sentidos queira aquilo que só a razão lhe prescreve como dever, é preciso uma faculdade da razão que inspire um sentimento de prazer ou de satisfação no cumprimento do dever e, por conseguinte, que haja uma causalidade da razão que determine a sensibilidade, conforme os seus princípios. Mas é totalmente impossível compreender como um simples pensamento, sem nada de sensível, pode produzir uma sensação de prazer ou de dor; pois isso é uma espécie particular de causalidade e, como toda causalidade, absolutamente nada podemos determinar a priori, mas só após consultar a experiência. Como esta não pode nos oferecer rela-

TERCEIRA SEÇÃO

ção alguma de causa e efeito senão entre dois objetos da experiência, e como aqui a razão pura deve ser, por simples ideias (que não fornecem nenhum objeto para a experiência), a causa de um efeito que reside, sem dúvida, na experiência, é totalmente impossível a nós homens explicar como e por que nos interessa a universalidade da máxima como lei e, portanto, a moralidade. Apenas uma coisa é certa: não é porque tenha interesse que tem validade para nós (pois isso seria heteronomia e dependência da razão prática em relação a um sentimento que estaria na base, e, nesse caso, nunca ela poderia ser moralmente legisladora), mas interessa porque é válida para nós como homens, porque nasceu da nossa vontade, como inteligência, e assim do nosso verdadeiro eu. O que pertence ao simples fenômeno é necessariamente subordinado pela razão à constituição da coisa em si mesma.

A pergunta "Como é possível um imperativo categórico?" pode, sem dúvida, responder-se, uma vez que se pode indicar o único pressuposto de que depende a sua possibilidade, ou seja, a ideia da liberdade, e igualmente na medida em que se pode perceber a necessidade desse pressuposto, o que, para o uso prático da razão, para a convicção da validade desse imperativo e também da lei moral, é suficiente; mas como pressuposto isso nunca deixará se perceber por nenhuma razão humana. Pressupondo a liberdade da vontade de uma inteligência, a consequência necessária é a autonomia dessa vontade como a condição formal, que é a única sob a qual ela pode ser determinada. Não é somente muito possível (como a Filosofia especulativa pode mostrar) pressupor essa liberdade da vontade (sem cair em contradição com o princípio da necessidade natural na ligação dos fenômenos do mundo sensível), mas é também preciso, sem outra condição, para um ser racional que tem consciência da causalidade, isto é, da vontade (distinta dos desejos), por meio da razão, admiti-la praticamente, ou seja, na ideia, como condição de todas as suas ações voluntárias. Explicar como uma razão pura, sem outros elementos, independente da origem desses, possa por si mesma ser prática, isto é, explicar como o simples princípio da validade universal de todas as suas máximas como leis (que seria certamente a forma de uma razão pura prática) seja capaz de por si mesmo fornecer um elemento e produzir um interesse que possa ser chamado de puramente moral, e tudo isso sem nenhum objeto da vontade em que de antemão alguém pudesse se interessar; ou, ainda, em outras palavras, responder à pergunta "Como uma razão pura pode ser prática" – isso é algo do qual toda a razão humana é absolutamente incapaz, e todo o esforço e trabalho que se empreguem para buscar a explicação serão perdidos.

É exatamente como se eu buscasse descobrir como é possível a liberdade ter a mesma causalidade de uma vontade, pois aqui abandono o princípio filosófico da explicação e não tenho nenhum outro. Agora, poderia aventurar-me a voos fantásticos no mundo inteligível, mas, partindo que dele tenha uma ideia bem fundada, não tenho o menor conhecimento nem posso nunca vir a tê-lo, mesmo com todo o esforço da minha faculdade natural da razão. Esse mundo significa apenas alguma coisa que subsiste depois de eu ter excluído dos princípios determinantes da minha vontade tudo o que pertence ao mundo sensível, só para restringir o princípio dos elementos tirados do campo da sensibilidade, limitando esse campo e mostrando que ele não abrange o todo no todo, mas que fora dele há algo mais, e esse algo mais não conheço. Da razão pura que pensa esse ideal nada mais me resta, depois de separar dela toda a matéria, isto é, todo o conhecimento dos objetos, do que a forma, ou seja, a lei prática da validade universal das máximas e, em conformidade com ela, pensar a razão em relação a um mundo puro inteligível como causa possível eficiente, como causa determinante da vontade. Aqui, o elemento tem de faltar inteiramente, a não ser que essa ideia de um mundo inteligível fosse ela mesma o elemento ou aquilo por que a razão toma originariamente interesse; mas tornar isso concebível é exatamente o problema que nós não podemos resolver.

Eis o limite extremo de toda a investigação moral, mas determiná-lo é de grande importância para que, de um lado, a razão não vá andar no mundo sensível, de modo prejudicial aos costumes, em busca do motivo supremo de determinação e de um interesse concebível, sem dúvida, mas empírico. E, para que, por outro lado, não agite em vão as

TERCEIRA SEÇÃO

asas, sem sair do mesmo lugar, no espaço para ela vazio dos conceitos transcendentes, sob o nome de mundo inteligível, e para que não se perca entre ilusões. De resto, a ideia de um mundo inteligível puro como um conjunto de todas as inteligências, ao qual pertencemos nós mesmos como seres racionais (ao mesmo tempo que somos membros do mundo sensível) continua a ser uma ideia utilizável e lícita em vista de uma crença racional, ainda que todo o saber acabe na fronteira desse mundo, para produzir em nós um vivo interesse pela lei moral, por meio do magnífico ideal de um reino universal dos fins em si mesmos (dos seres racionais), ao qual podemos pertencer como membros, caso nos conduzamos cuidadosamente, segundo máximas da liberdade, como se elas fossem leis da natureza.

NOTA FINAL

O uso especulativo da razão, no que se refere à natureza, conduz à absoluta necessidade de qualquer causa suprema do mundo. Por outro lado, o uso prático da razão, com respeito à liberdade, conduz também a uma necessidade absoluta, mas somente das leis das ações de um ser racional como tal. É um princípio essencial de todo uso da nossa razão levar o seu conhecimento até a consciência da sua necessidade (pois, sem ela, não seria, nunca, conhecimento da razão). Contudo, também é uma limitação igualmente essencial da mesma razão não poder ela conhecer a necessidade nem do que existe ou acontece, nem do que deve suceder, sem pôr uma condição sob a qual isso existe, ocorre ou deve ocorrer. Dessa forma, porém, pela constante pesquisa da condição, vai sendo sempre adiada a satisfação da razão. Por isso, ela busca, sem descanso, o incondicional necessário e vê-se forçada a admiti-lo, sem meio algum de o tornar concebível a si mesma, feliz o bastante quando pode achar só o conceito que se compadece com esse pressuposto. Não é nenhum defeito da nossa dedução do princípio supremo da moralidade, mas é sim uma censura que teria de se dirigir à razão humana em geral, e ela não poder tornar concebível a necessidade absoluta de uma lei prática incondicionada – como tem de ser o imperativo categórico. Ela não pode ser censurada por não querer fazer isso por meio de uma condição, ou seja, por meio de qualquer interesse posto por fundamento, porque não seria uma lei moral ou uma lei suprema da liberdade. E assim nós não concebemos, na verdade, a necessidade prática incondicionada do imperativo moral, mas sim a sua inconceptibilidade, e isso é tudo o que, com justiça, se pode exigir de uma filosofia que aspira atingir, nos princípios, os limites da razão humana.

NOTAS DE FIM

1 Máxima é o princípio subjetivo do querer; o princípio objetivo (isto é, o que serviria também subjetivamente de princípio prático a todos os seres racionais, se a razão fosse inteiramente senhora da faculdade de desejar) é a lei prática.

2 Poderiam objetar-me que eu, por trás da palavra "respeito", busco apenas refúgio em um sentimento obscuro, em vez de dar informação clara sobre essa questão por meio de um conceito da razão. Porém, embora o respeito seja um sentimento, não é um sentimento recebido por influência; é, pelo contrário, um sentimento que se produz por si mesmo por meio de um conceito da razão e assim é especificamente distinto de todos os sentimentos do primeiro gênero que se podem reportar à inclinação ou ao medo. Aquilo que eu reconheço imediatamente como lei para mim, reconheço-o com um sentimento de respeito que não significa senão a consciência da subordinação da minha vontade a uma lei, sem intervenção de outras influências sobre a minha sensibilidade. A determinação imediata da vontade pela lei e a consciência dessa determinação é que se chama "respeito", de modo que se deve ver o efeito da lei sobre o sujeito, e não a sua causa. O respeito é propriamente a representação de um valor que causa danos ao meu amor-próprio. É alguma coisa que não pode ser considerada como objeto nem da inclinação, nem do temor, embora tenha algo de análogo com ambos simultaneamente. O objeto do respeito é simplesmente a lei, quero dizer aquela lei que nos impomos e, no entanto, vemos como necessária em si. Como lei que é, estamos subordinados, sem termos de consultar o amor-próprio. Mas como lei que nós nos impomos, é ela uma consequência da nossa vontade e tem, de um lado, analogia com o temor e, do outro, com a inclinação. Todo respeito por uma

pessoa é propriamente só respeito pela lei (lei da retidão etc.), da qual essa pessoa nos dá o exemplo. Porque consideramos também o alargamento dos nossos talentos como um dever, representamos igualmente em uma pessoa de talento, por assim dizer, o exemplo de uma lei (a de nos tornarmos semelhantes a ela por meio do exercício), e é isso que constitui o nosso respeito. Todo o chamado interesse moral consiste simplesmente no respeito pela lei.

3 Assim como se distingue a Matemática pura da aplicada, a Lógica pura da aplicada, pode-se distinguir igualmente a pura filosofia dos costumes (Metafísica da moral aplicada [à natureza humana]). Essa terminologia lembra-nos imediatamente também de que os princípios morais não se fundam nas particularidades da natureza humana, mas que têm de existir por si mesmos a priori, porém que deles se podem derivar regras práticas para a natureza humana como para qualquer natureza racional.

4 Possuo uma carta do excelente Sulzer, já falecido, em que me pergunta qual a causa de as doutrinas da virtude, sendo tão convenientes para a razão, terem tão curto alcance prático. A minha resposta atrasou-se. Mas ela não pode ser outra senão esta: que os próprios mestres não esclareceram os seus conceitos e que, querendo fazer bem demais ao reunir por toda a banda motivos que levem ao bem moral, estragariam por a quererem fazer especialmente enérgica. Pois a mais vulgar observação mostra que, quando apresentamos um ato de honradez, tal como ele foi levado a efeito com firmeza de alma mesmo sob as maiores tentações da miséria ou da sedução, apartado de toda a intenção de qualquer vantagem neste ou noutro mundo, esse ato deixa muito atrás de si e na sombra qualquer outro que se lhe assemelhe, mas que tenha sido afetado mesmo em ínfima parte por um elemento estranho, eleva a alma e desperta o desejo de poder proceder também assim. Mesmo as crianças de mediana idade têm essa impressão e nunca se lhes deveria expor os seus deveres de maneira diferente.

5 Chama-se inclinação a dependência em que a faculdade de desejar está diante das sensações; a inclinação prova sempre, portanto, uma necessidade (Bedürfnis). Denomina-se interesse a dependência em que uma vontade contingentemente determinável se encontra diante dos princípios da razão. Esse interesse só tem lugar em uma vontade dependente que não é por si mesma em todo o tempo conforme à razão. Na vontade divina, não se pode conceber nenhum interesse. Mas, na vontade humana, pode-se também tomar interesse por qualquer coisa sem por isso agir por

interesse. Inclinação significa o interesse prático na ação; enquanto interesse consiste no interesse patológico no objeto da ação. A primeiro mostra apenas dependência da vontade diante dos princípios da razão em si mesmos; o segundo, diante dos princípios da razão em proveito da inclinação, pois aqui a razão dá apenas a regra prática para socorrer a necessidade da inclinação. No primeiro caso, interessa-me a ação; no segundo, o objeto da ação (enquanto ele me é agradável). Vimos na Primeira Seção que uma ação praticada por dever não tem de atender ao interesse pelo objeto, mas somente à própria ação e ao seu princípio na razão (à lei).

6 A palavra prudência é tomada em sentido duplo: ou pode designar a prudência nas relações com o mundo ou a prudência privada. A primeira é a destreza de uma pessoa no exercício de influência sobre outras para as utilizar em suas intenções. A segunda é a sagacidade em reunir todas essas intenções para alcançar uma vantagem pessoal durável. A última é propriamente aquela que reverte o valor da primeira, e quem é prudente no primeiro sentido, mas não no segundo, desse se poderá antes dizer: é esperto e manhoso, mas em suma é imprudente.

7 Parece-me que a verdadeira significação da palavra pragmático se pode assim determinar da maneira mais exata. Chamam-se pragmáticas as sanções que decorrem propriamente não do direito dos Estados como leis necessárias, mas da prevenção pelo bem-estar geral. A História é escrita pragmaticamente quando nos torna prudentes, ou seja, quando ensina ao mundo atual a maneira de assegurar a sua vantagem melhor ou pelo menos tão bem como o mundo das gerações passadas.

8 Eu ligo à vontade, sem condição pressuposta de qualquer inclinação, o ato a priori e, portanto, necessariamente só de forma objetiva, ou seja, partindo da ideia de uma razão que teria pleno poder sobre todos os elementos subjetivos. Isto é, pois uma proposição prática que não deriva analiticamente o querer de uma ação de um outro querer já pressuposto (pois nós não possuímos uma vontade tão perfeita), mas que o liga imediatamente ao conceito da vontade de um ser racional, como qualquer coisa que nele não está contida.

9 Máxima é o princípio subjetivo da ação e tem de se distinguir do princípio objetivo, isto é, da lei prática. Aquela contém a regra prática que determina a razão (1) em conformidade com as condições do sujeito (muitas vezes em conformidade com

a sua ignorância ou as suas inclinações) e, é, portanto, o princípio segundo o qual o sujeito age. A lei, porém, é o princípio objetivo, válido para todo o ser racional, princípio que ele deve agir, ou seja, um imperativo.

10 Deverá notar-se aqui que reservo inteiramente para uma futura Metafísica dos Costumes a classificação dos deveres, e que esta, agora, é adotada apenas por comodidade (para ordenar os meus exemplos). De resto, entendo aqui por dever perfeito aquele que não permite exceção alguma em favor da inclinação e, então, não tenho apenas deveres perfeitos exteriores, mas também interiores, o que vai de encontro à terminologia adotada nas escolas; mas não tenciono dar agora qualquer justificativa, pois que, para o meu propósito, é indiferente que se aceite ou não.

11 Ver a virtude na sua verdadeira figura não é mais do que representar a moralidade despida de toda a mescla de elementos sensíveis e de todos os falsos adornos da recompensa e do amor de si mesmo. Como ela, então, deixa na sombra tudo o que às inclinações parece tão encantador, eis que cada qual pode facilmente ver pelo menor esforço da sua razão se esta já não estiver de todo incapacitada para toda a abstração.

12 Apresento aqui essa proposição como um postulado. Na última seção, encontraremos as razões em que se apoia.

13 Não vá pensar-se que aqui o trivial *"quod tibi non vis fieri"* etc. possa servir de diretriz ou princípio, pois este preceito, com várias restrições, só pode derivar daquele; não pode ser uma lei universal, visto não conter o princípio dos deveres para consigo mesmo, nem o dos deveres de caridade para com os outros (porque muitos renunciariam de bom grado a que os outros lhes fizessem bem se isso os dispensasse de eles fazerem bem aos outros) nem mesmo finalmente o princípio dos deveres mútuos; porque o criminoso poderia, por esta razão, argumentar contra os juízes que o punem etc.

14 Posso dispensar-me de apresentar aqui exemplos para esclarecer este princípio, pois os que serviram há pouco para explicar o imperativo categórico e a sua fórmula podem agora ser todos utilizados para esse fim.

Immanuel Kant

15 A teleologia considera a natureza como um reino dos fins, enquanto a moral considera um possível reino dos fins como um reino da natureza. Na teleologia, o reino dos fins é uma ideia teórica para explicar o que existe. E, na moral, é uma ideia prática para realizar o que não existe, mas que pode se tornar real pelas nossas ações ou omissões, e isso exatamente em conformidade com essa ideia.

16 Ligo o princípio do sentimento moral ao da felicidade, porque todo o interesse empírico promete uma contribuição para o bem-estar por meio do agrado que só alguma coisa nos produz, quer imediatamente e sem intuito de vantagem, quer com referência a essa vantagem. Igualmente se tem de ligar, com Hutcheson, o princípio da participação por simpatia na felicidade alheia ao mesmo sentido moral admitido por esse filósofo.

17 Esse método de admitir como suficiente para o nosso propósito a liberdade apenas como baseada só na ideia por seres racionais nas suas ações, adoto-o para não me obrigar a demonstrar a liberdade também no sentido teórico. Isso porque, ainda que esse último ponto tenha de ficar indeciso, as mesmas leis que obrigariam um ser que fosse verdadeiramente livre continuariam a ser válidas para um ser que não pudesse agir de outro modo senão sob a ideia da sua própria liberdade. Podemos, pois, aqui libertar-nos do fardo que pesa sobre a teoria.

18 Interesse é aquilo pelo qual a razão se torna prática, isto é, torna-se causa determinante da vontade. Por isso, se diz só de um ser racional que ele toma interesse por qualquer coisa; as criaturas irracionais sentem apenas impulsos sensíveis. A razão só toma um interesse imediato na ação quando a validade universal da máxima dessa ação é princípio suficiente de determinação da vontade. Só um tal interesse é puro. Mas, quando a razão só pode determinar a vontade por meio de outro objeto do desejo ou sob o pressuposto de um sentimento particular do sujeito, então ela só toma na ação um interesse imediato; e, como a razão não pode descobrir por si mesma, sem experiência, nem objetos da vontade, nem um sentimento particular que lhe sirva de fundamento. Esse último interesse seria apenas empírico, e não um interesse racional puro. O interesse lógico da razão, para fomentar os seus conhecimentos, nunca é imediato, mas pressupõe sempre propósitos do seu uso.

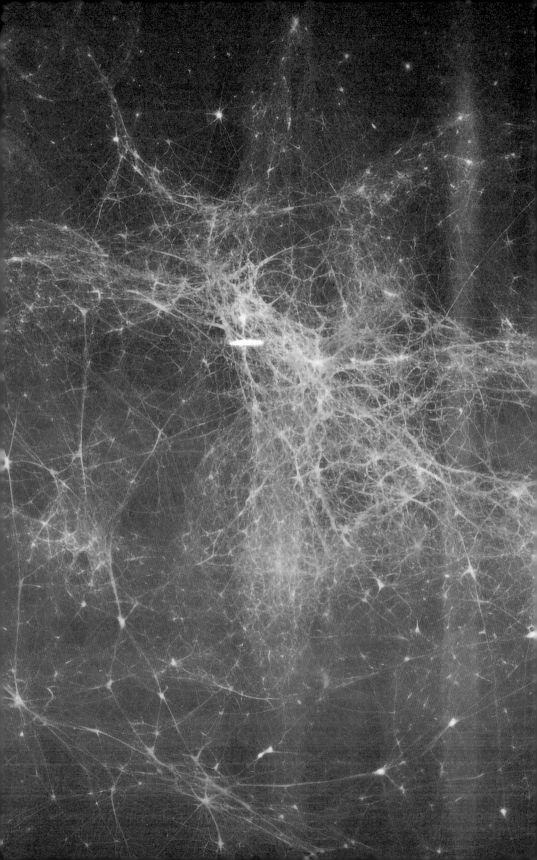

CAMPANHA

Há um grande número de pessoas vivendo com HIV e hepatites virais que não se trata. Gratuito e sigiloso, fazer o teste de HIV e hepatite é mais rápido do que ler um livro.

FAÇA O TESTE. NÃO FIQUE NA DÚVIDA!

Veríssimo

ESTA OBRA FOI IMPRESSA
EM MARÇO DE 2024